ACCESO GRATIS *a la Lectura en la Nube*

HF237871

Para visualizar el libro electrónico en la nube de lectura envíe junto a su nombre y apellidos una fotografía del código de barras situado en la contraportada del libro y otra del ticket de compra a la dirección:

ebooktirant@tirant.com

En un máximo de 72 horas laborales le enviaremos el código de acceso con sus instrucciones.

La visualización del libro en **NUBE DE LECTURA** excluye los usos bibliotecarios y públicos que puedan poner el archivo electrónico a disposición de una comunidad de lectores. Se permite tan solo un uso individual y privado

© TIRANT LO BLANCH
EDITA: TIRANT LO BLANCH
C/ Artes Gráficas, 14 - 46010 - VALENCIA
TELFS.: 96/361 00 48 - 50
Fax: 96/369 41 51
Email: tlb@tirant.com
www.tirant.com
Librería Virtual: www.tirant.es
DEPOSITO LEGAL: V-2932-2024
ISBN: 978-84-1071-699-5
MAQUETA E IMPRIME: Tink Factoría de Color , S.L.

Si tiene alguna queja o sugerencia, envíenos un mail a: atencioncliente@tirant.com.
En caso de no ser atendida su sugerencia, por favor, lea nuestro procedimiento de quejas en:
www.tirant.net/index.php/empresa/politicas-de-empresa

Responsabilidad Social Corporativa
http://www.tirant.net/Docs/RSCTirant.pdf

FUNDAMENTOS DE SINTAXIS ESPAÑOLA.
ORACIÓN SIMPLE Y COMPUESTA

Antonio Hidalgo Navarro
Catedrático de Lengua Española
Universitat de València

ÍNDICE

ANEXO: Prácticas de análisis sintáctico

I. ORACIÓN SIMPLE

- Test de elección múltiple.
- Analice las funciones sintácticas integradas en las siguientes oraciones

II. ORACIÓN COMPUESTA

- Oraciones yuxtapuestas y coordinadas.
- Oraciones sustantivas
- Oraciones adjetivas
- Construcciones comparativas y consecutivas
- Oraciones adverbiales
- Oraciones bipolares

Bibliografía

INTRODUCCIÓN

Fundamentos de Sintaxis Española. Oración simple y compuesta, pretende servir al estudiante universitario de la asignatura de Sintaxis Española para la resolución de los problemas más básicos de la disciplina sintáctica, tanto en el marco de la oración simple como en el de la oración compuesta y compleja.

No se trata, por el carácter de la colección, de un estudio erudito sobre la sintaxis del español, pero sí representa un intento por evidenciar las cuestiones más acuciantes que sobrevuelan el análisis sintáctico y la interpretación de muchas de sus estructuras.

Inicialmente, proponemos una clarificación terminológica para que el estudiante pueda situarse desde el principio ante el *quid* de la cuestión, sin necesidad de rodeos innecesarios. Se adivina asimismo a lo largo de este trabajo, el predominio de una perspectiva funcionalista en el enfoque descriptivo, si bien un punto de vista "ecléctico" aflora constantemente.

Por otra parte, se ha pretendido huir del dogmatismo doctrinal en la consideración de las diferentes opiniones y posturas, valorando críticamente aquello que tienen de positivo los diversos puntos de vista. El objetivo es, sencillamente, despertar el espíritu reflexivo del estudiantado, intentando justificar siempre la decisión final adoptada para la resolución de un problema dado.

El libro se divide en dos Bloques principales, uno referido a la Oración Simple y otro a la Oración Compuesta. Se ha tratado de incorporar en este estudio la mayor parte de problemas que pueden considerarse en el marco de la sintaxis española en un primer acercamiento.

El libro se completa con una serie de ejercicios prácticos (sobre la Oración Simple y Compuesta) que pueden ayudar a mejorar la comprensión del alumnado ante la complejidad funcional de las oraciones en español. A ello se añade una Bibliografía final de apoyo a los contenidos del trabajo.

BLOQUE 1: LA ORACIÓN SIMPLE

CAPÍTULO 1. EL LUGAR DE LA SINTAXIS EN LA GRAMÁTICA. DEFINICIÓN Y UNIDADES: SINTAGMA Y ORACIÓN

1.1. Introducción

Uno de los primeros problemas que afloran a la hora de definir el campo de estudio de la Sintaxis es el de sus puntos de interferencia con la Morfología, de ahí que se postule la existencia de una Morfosintaxis.

Parecen subsistir así tres posturas en torno al estatuto lingüístico de la Morfología y de la Sintaxis (Marcos Marín, 1980:160-164):

a) la Morfología como parte de la Sintaxis (Frei, Kurylowicz)

b) la Morfología como estudio de las formas, entendidas como funciones en el eje paradigmático, y la Sintaxis como estudio del modo en que se manifiestan esas formas funcionales en el eje sintagmático (Holt[1])

c) la distinción entre Morfosintaxis, Morfología y Sintaxis (Togeby). La primera estudiaría los elementos sistemáticos (usos, empleos y funciones de los morfemas) y sintagmas; la segunda se situaría en el eje paradigmático (sistema morfológico, sin tener en cuenta la función de las formas); la tercera correspondería al eje sintagmático y analizaría la progresión en el texto, es decir, el orden y las relaciones sintagmáticas mutuas o las combinaciones de morfemas.

No puede decirse que en la actualidad la cuestión se haya resuelto de forma definitiva (al menos en lo que atañe a la compartimentación de las disciplinas morfológica y sintáctica), pero sí podemos decir que se manifiesta cierto consenso a la hora de ubicar el objeto de estudio de la Morfología, que se entiende ahora en un sentido más amplio[2].

Así pues, debemos considerar asumibles por la sintaxis todas las conexiones y relaciones entre unidades lingüísticas, independientemente de su jerarquía, lo que implica un estudio pormenorizado de la estructura de la oración simple (y esto incluye, p.e., las funciones sintácticas del sustantivo, ya sea en el sujeto, ya sea en el predicado) y de la oración compuesta, términos que utilizamos aquí y ahora en su sentido más puramente tradicional. Con la sintaxis, pues,

---

[1] Apud Llorente Maldonado (1967).

[2] Actualmente, la mayoría de lingüistas y gramáticos, entienden la Morfología más como una "morfosintaxis" (de hecho, hay quien propone esta etiqueta para asignarla al estudio morfológico del lenguaje), que como un estudio puramente paradigmático de las formas, aunándose en ella los ejes sintagmático y paradigmático.

damos un salto cualitativo en la descripción de las unidades lingüísticas, ya que abordamos el estudio de las unidades de la segunda articulación de rango superior (oración, proposición, cláusula, enunciado, frase, etc.[3]).

El segundo problema de raíz que conviene aclarar en torno a la descripción de la disciplina sintáctica es la determinación de sus unidades. Generalmente se consideran dos tipos de unidades en el ámbito de la sintaxis: el *sintagma* y la *oración*.

Con relación a la unidad *sintagma*, entendida como agrupación de palabras que funcionan conjuntamente, la descripción de las clases de palabras exige considerar el análisis de los sintagmas en que aparecen; así, es necesario describir el Sintagma Nominal para observar plenamente qué son, cómo funcionan, qué variaciones experimentan o qué significación posee un sustantivo, un determinante o un adjetivo. En este sentido, dentro de la sintaxis es necesario considerar la descripción de la unidad sintagma, como combinación de elementos que ejercen una única función, ya que la función sintáctica de los elementos oracionales no es algo propio de la palabra, sino del sintagma (Marcos Marín et al., 1998:104).

En cuanto a la unidad *oración*, su consideración como unidad de la sintaxis es constante a lo largo de la tradición gramatical, aunque, como veremos después, su definición y reconocimiento no resulten diáfanos y existan opiniones y criterios bastantes dispares al respecto.

En definitiva, la sintaxis, como nivel de análisis lingüístico, se dedica al estudio y descripción de todas las conexiones y relaciones posibles entre unidades lingüísticas, cualquiera que sea su jerarquía y vinculación estructural; a la sintaxis compete, pues, la descripción funcional de las categorías gramaticales en el marco de la oración (ya sea en el sujeto, ya sea en el predicado), la determinación e identificación de las unidades constitutivas de la oración (sintagmas), el establecimiento de los límites y estructuras oracionales

---

[3]Sobre la diversidad terminológica de tales unidades y la complejidad de su establecimiento y descripción volveremos más adelante.

habituales y, en consecuencia, la descripción y establecimiento de las posibles relaciones intra- e interoracionales.

1.2. Clases de sintagmas

En la visión más tradicional del concepto de sintagma, coincidente con la de Bally (*Linguistique générale et linguistique française*), esta estructura se identifica como conjunto de al menos dos elementos unidos por una relación funcional de dependencia: uno es el *núcleo*, el otro el *modificador, determinante* o *adyacente*. Así pues, en esta visión el sintagma se concibe como estructura binaria cuyos miembros son intercambiables por otros de su misma clase sin que se altere gramaticalmente el conjunto final.

Desde el punto de vista terminológico existe cierta tendencia a identificar las nociones de *sintagma* y *frase* como si se tratara de sinónimos[4]. En rigor, sin embargo, esta perspectiva no es exacta: para que haya sintagma es preciso que el conjunto sea binario (al menos desde la perspectiva más tradicional del concepto de sintagma), y la frase puede estar constituida por un único elemento[5].

Otra cuestión fundamental que conviene aclarar en torno a la noción de sintagma es la necesidad de diferenciar entre las nociones de Sintagma Nominal y Sintagma Verbal, y las de Sujeto y Predicado. Al respecto, Sintagma Nominal y Sintagma Verbal son conceptos *categoriales*: hacen referencia a categorías gramaticales (sustantivo o verbo) que podrían sustituir al conjunto sintagmático en cuestión, sin que este quede alterado categorialmente; por su parte, Sujeto, Predicado (u Objeto Directo, Objeto Indirecto, Complemento Circunstancial) son conceptos *funcionales* que, en sí mismos, adquieren su estatus según su relación con los restantes elementos de la oración (particularmente, como se verá más adelante, con el verbo).

---

[4] Sobre todo en estudios generativistas, donde se habla de Frase Nominal o Frase Verbal como equivalentes de Sintagma Nominal o Sintagma Verbal.

[5] Aunque posteriormente se desarrollará el concepto de frase, como ejemplo de frase unimembre piénsese por ejemplo en una interjección como "¡Vaya!".

Sintagma y *función* corresponden, pues, a nuestro entender, a criterios diversos que nunca deben entremezclarse: o se opta por un Análisis sintagmático (categorial) o por un Análisis sintáctico (funcional).

Desde nuestra perspectiva, que responde a un posicionamiento ecléctico respecto de la noción de sintaxis, lo más adecuado es optar por un análisis funcional que considere las relaciones de los conjuntos sintagmáticos entre sí y, particularmente, con respecto del verbo. Un análisis estrictamente categorial-sintagmático tiene cabida a posteriori cuando, reconocidas las funciones de los sintagmas integrantes de la oración, se considera la estructura interna de tales funciones oracionales.

En todo caso, la consideración interna de las estructuras sintagmáticas merece atención, como ya hemos indicado, en el ámbito introductorio de la sintaxis oracional.

Así, al considerar el sintagma como combinación de elementos que ejercen una única función, debemos tener en cuenta qué relación guardan tales elementos entre sí y con respecto a la construcción conjunta. Esto nos lleva a justificar los posibles tipos diferenciales de sintagmas o construcciones desde el punto de vista de su estructura (la propuesta de Kovacci 1990: 54-61, parece en este sentido especialmente interesante por su claridad descriptiva). Generalmente se habla de tres tipos principales: sintagmas *endocéntricos*, *exocéntricos* y *adjuntivos* (en todo caso, la consideración de la unidad sintagma y de sus clases abre camino a una polémica teórica no resuelta de forma definitiva, pero sobre la que no consideramos oportuno entrar aquí; véase al respecto Lanero, 1994).

1.2.1. Construcciones (sintagmas) endocéntricas

Este tipo de sintagmas se caracterizan estructuralmente porque en ellos aparece al menos un núcleo, es decir, un constituyente que posee la misma función que la construcción completa. Cabe diferenciar tres tipos fundamentales:

- **Por coordinación:** posee más de un núcleo, y todos ellos funcionan de igual manera; puede haber marcadores léxicos de coordinación (*y, o,* etc.): *Vuelan **gaviotas**, **petreles** y **cormoranes***

- **Por subordinación:** el núcleo está presupuesto funcionalmente por los restantes constituyentes, modificadores subordinados a aquel: *Escucha buena música*. Sin el núcleo los modificadores aislados dan lugar a construcciones agramaticales: **Escucha **buena***.
- **Por aposición:** equiparación de la clase funcional de los constituyentes:
a) Sustantivo seguido de una construcción endocéntrica: *Pedro Pombo, **un viejo amigo***.
b) Adverbio seguido de una construcción exocéntrica: Aquí, ***en la playa**, se está bien*.

   En el caso de estas construcciones endocéntricas por aposición el primer constituyente es el *núcleo* y el segundo el *apósito*, de modo que el núcleo puede funcionar igual que la construcción completa.

Las construcciones (sintagmas) endocéntricas se identifican (se nombran) según sea la categoría gramatical del núcleo, esto es, sustantivo, adjetivo, verbo, adverbio, verboide o interjección. Así, los siguientes ejemplos ilustran diferentes tipos de sintagmas endocéntricos:

- **Hombre cortés y muy valiente**
a) *muy valiente*: construcción endocéntrica subordinada adjetiva
b) *cortés y muy valiente*: construcción endocéntrica coordinada adjetiva
c) *Hombre cortés y muy valiente>* construcción endocéntrica subordinada sustantiva

- **Camina muy despacio**
a) *muy despacio*: construcción endocéntrica subordinada adverbial
b) *Camina muy despacio>* construcción endocéntrica subordinada verbal

- **Pedro, mi amigo**
a) *mi amigo*: construcción endocéntrica subordinada sustantiva
b) *Pedro, mi amigo>* construcción endocéntrica apositiva sustantiva

- **¿Cómo preservar los recursos naturales?**
a) *Los recursos naturales*: construcción endocéntrica subordinada sustantiva

b) *¿Cómo preservar los recursos naturales?>* construcción endocéntrica subordinada verboidal

1.2.2. Construcciones (sintagmas) exocéntricas

Se trata de sintagmas con dos constituyentes interdependientes (cada uno presupone al otro), de modo que no hay un núcleo que pueda funcionar como equivalente de la construcción. Hay varias estructuras posibles:

- **Subordinante (enlace) + término:** La función de *subordinante* o *enlace* suele ser ejercida, de acuerdo con las características de la gramática del español, por las preposiciones o los nexos comparativos. El *término*, a su vez, puede ser una construcción endocéntrica o exocéntrica:

- *a babor y estribor:* construcción exocéntrica
  - *babor* y *estribor:* construcción endocéntrica coordinada

- *por sí mismo:* construcción exocéntrica
  - *sí mismo:* construcción endocéntrica subordinada

- *de por aquí:* construcción exocéntrica
  - *por aquí: construcción exocéntrica*

- **Sujeto-predicado:** *Llegaron-tres primos* (construcción exocéntrica)

- **Paralela**: Cada uno de los constituyentes en este tipo de sintagmas es tónico y su orden no es fijo; por otra parte, ninguno de ellos puede interpretarse como sujeto: *¿A mí con esas? vs. ¿Con esas a mí?*

1.2.3. Construcciones (sintagmas) adjuntivas

Los sintagmas adjuntivos no son construcciones endocéntricas, pues sus constituyentes no están en relación de coordinación, de subordinación ni de aposición, ni tampoco son sintagmas exocéntricos, porque sus constituyentes no son interdependientes. Se trata de estructuras en las que el adjunto puede ser:

- Un *vocativo*: sustantivo o construcción endocéntrica que sirve para designar al oyente: *Madre, estése quieta.*

- Una *interjección*: *¡vaya con el niño!*

- Cualquier *expresión parentética* que no tenga relación sintáctica con el constituyente primario: *Desde entonces han pasado -¡quién lo diría!- diez años*

1.3. Definición de oración.

1.3.1. ¿Es necesario el concepto de oración? Criterios para su definición

La unidad por excelencia objeto de estudio de la sintaxis es la *oración*, unidad intermedia entre el *sintagma* (unidad inferior) y el *texto* (unidad superior).

Su descripción, sin embargo, no es una cuestión fácil de zanjar, por varias razones:

- conceptos de oración dispares y peculiares: Ries en 1931 proponía 139 definiciones, pero sin dificultad se podrían llegar a formular más de trescientas, como señala González Calvo (1993:9)
- algunos autores llegan incluso a dudar de la pertinencia del concepto de oración, dadas las dificultades para modelar una idea uniforme de la misma (Gutiérrez, 1984)
- para otros la aceptación de esta unidad pasa por la distinción previa entre *oraciones de sistema* u "oraciones en tanto que entidades abstractas y teóricas que figuran en el modelo del sistema de la lengua construido por el lingüista", y *oraciones de texto*, u "oraciones como algo susceptible de ser enunciado (es decir, como consecuencia de un acto de comportamiento lingüístico" (Lyons, 1980:30-32 o De Molina, 1985).

Para Gutiérrez (1984) las causas más reseñables de esta divergencia de opiniones son:

a) no existe un único concepto válido de oración, sino muchos
b) el término *oración* coexiste con otras designaciones (*frase, sentencia, enunciado, cláusula, proposición, colon, inciso,* …) en unos casos relacionadas y en otros no

En todo caso, al estudio gramatical del español en su nivel sintáctico, compete fundamentalmente la descripción de *oraciones de sistema*, esto es, de "oraciones gramaticales": son precisamente estas las que debemos describir. Como veremos a continuación, las oraciones de sistema han sido tradicionalmente definidas desde un punto de vista semántico, formal o funcional (González Calvo, 1993:10 y ss.).

1.3.1.1. Definiciones *semánticas*

Incluyen aspectos lógicos y psicológicos en la definición y podemos remontarlas a Dionisio de Tracia o Prisciano hasta llegar a autores más próximos como Vendryes[6], Gardiner[7], H. Paul[8], o a las visiones más familiares para el hispanismo de Lenz o Gili Gaya.

Desde este punto de vista se entiende la oración como secuencia con "sentido completo". Esta idea llegó a través del S. de Oro y del S. XVIII a A. Bello y sus seguidores. Gutiérrez (1984) observa inconveniencias en este tipo de definiciones:

- Siguen un criterio demasiado impreciso
- La oración es una unidad sintáctica y ha de ser definida con criterios sintácticos

Desde el punto de vista lógico-semántico, Aristóteles propuso un isomorfimo entre Gramática y Lógica, de manera que las leyes que rigen el pensamiento rigen la lengua. Esta definición se perpetúa durante siglos y se extiende hasta el S. XVII, con la gramática de Port Royal. La oración es vista así como la expresión de un juicio lógico, del mismo modo que el sustantivo es expresión de la categoría lógica de sustancia, el adjetivo es expresión de la cualidad y el verbo es expresión de la acción. Pero las definiciones lógicas no son ni inherentes ni inmanentes a la Lingüística.

---

[6] Apud L. J. Piccardo (1954), § 3.7.

[7] Apud L.J. Piccardo (1954), § 3.8.

[8] Apud L.J. Piccardo (1954), § 3.6.

Por otro lado, a finales del S. XIX muchos lingüistas como H. Paul[9], Wundt[10], Vendryes[11], Gardiner[12], Kretschmer[13]..., adoptaron posturas psicologistas. Gili Gaya define así la oración desde un punto de vista psíquico, lógico y gramatical. Para él, psicológicamente hablando, la oración es "una unidad de atención por parte del hablante". Cuando una oración psíquica contiene más de una oración gramatical se dice que la oración es compuesta.

1.3.1.2. Definiciones *formales*

Abarcan criterios prosodémicos, morfológicos o sintácticos, y cuentan entre sus mentores con gramáticos como S. Fernández Ramírez o el propio Gili Gaya (oración como conjunto formado por un verbo en forma personal).

Desde el punto de vista prosodémico son los *rasgos suprasegmentales* (entonación, pausas, etc.) y la noción de *independencia sintáctica* los criterios determinantes de la categoría oración. La independencia se considera desde dos puntos de vista:

- no dependencia gramatical de ningún otro conjunto (Meillet[14], Bloomfield[15], etc)
- capacidad de aparecer aislada (Jespersen[16])

Para Gutiérrez (1984) los criterios formales son efectivamente inherentes, pero no se corresponden estrictamente con la unidad oración, sino con la unidad *enunciado*, por lo que conviene orientarse a un punto de vista claramente funcional, defendido entre otros por el propio Alarcos.

1.3.1.3. Definiciones *funcionales*

Desde el punto de vista funcional se enfatiza el hecho de que en el interior de la oración, sus elementos constituyentes contraen entre sí relaciones que no se

---

[9] Apud L.J. Piccardo (1954), § 3.6.

[10] Apud L.J. Piccardo (1954), § 3.6.

[11] Apud L. J. Piccardo (1954), § 3.7.

[12] Apud L.J. Piccardo (1954), § 3.8.

[13] Apud L.J. Piccardo (1954), § 3.9.

[14] Apud Lope Blanch (1979:14).

[15] Apud Lope Blanch (1979:14).

[16] Apud Lope Blanch (1979:16, nota 9).

dan en otros niveles. Existen *funciones privativas de la oración*: hay oración siempre que haya elementos que desempeñen tales funciones.

Al respecto el MNGLE (*Manual de la Nueva Gramática de la Lengua Española*) (1.6.1.c.) define las oraciones como unidades mínimas de predicación, es decir, segmentos que ponen en relación un sujeto con un predicado, en el sentido lógico del término, esto es como expresión gramatical cuyo contenido se atribuye al referente del sujeto. El predicado puede ser verbal, como en *Los pájaros volaban bajo,* o no serlo, como en *¡Muy interesante el partido de ayer!* o en *Una vez en casa toda la familia...* (cláusula absoluta).

1.3.2. Confusión terminológica en torno al concepto de oración.

La polémica en torno a la definición de la oración nos lleva a otra discusión teórica relativa a casos de difícil delimitación terminológica que radican en las oposiciones oración-proposición, oración-cláusula, oración-frase, enunciado-oración, etc.[17]

Se hace necesario, pues, una revisión de la nomenclatura para llegar a aclarar mejor el concepto de oración.

1.3.2.1.   Oración vs. Enunciado

Algunos autores proponen el *enunciado* como sustituto conceptual de la oración, considerando al primero como secuencia con *unidad de sentido* y *unidad pragmática de comunicación*.

En este sentido, para Gutiérrez (1984) el enunciado es una unidad mínima de comunicación, esto es, una secuencia que posee un *contorno melódico*, comprendida entre una *pausa inicial* y una *pausa final*. Posee además una *función propia* y específica (la **comunicativa**) y está formalmente caracterizada. Su signo enunciativo consta de un *significante* (contorno melódico pertinente) y un *significado* (modalidad oracional).

---

[17] La bibliografía que nos permite tratar estas parejas opositivas es abundante, tanto desde una perspectiva generalista (véanse Bloomfield, 1933; Hockett, 1958; Jespersen, 1975; Meillet, 1938-52; Zawadowski, 1971; etc.) como desde una perspectiva particular e hispánica (véanse Escarpanter, 1974; C. Hernández, 1984: cap 3; Lope Blanch, 1979; Piccardo, 1954; Quilis, 1975; Roca Pons, 1970: 341 ss.; Rodríguez Adrados, 1969: cap. V; Rojo, 1978 o Gutiérrez, 1984). Son muy útiles los trabajos sintetizadores de Gutiérrez (1984) y González Calvo (1983) y (1991).

Así pues, algunos de los rasgos formales y semánticos con los que se venía caracterizando previamente el concepto de oración son en realidad propiedades del enunciado:

- la *entonación* y las *pausas* (rasgos formales) son rasgos del significante del signo enunciativo

- los criterios de *independencia* y *completitud semántica* (rasgos formales y semánticos) son consecuencia del cierre efectuado por el signo enunciativo, que configura al enunciado como mensaje autónomo

Por todo ello, para Rojo el *enunciado* es una secuencia con predicatividad, sintácticamente independiente y autosuficiente semánticamente. Pues bien, estas tres características pueden darse en una palabra (*¡fuera!*), en una frase (*Devaluación de la peseta*, titular de un periódico), o en una oración (*La peseta ha sido devaluada*). En definitiva, la existencia de un enunciado es independiente de la estructura sintáctica, por lo que oración y enunciado no pueden ser el mismo tipo de unidad, dado que la oración sí está supeditada a la estructura sintáctica.

1.3.2.2.   Oración vs. Proposición

Roca Pons (1960) distingue dos tipos de unidades sintácticas:

- la *oración* como unidad de comunicación
- la *proposición* como forma oracional con sujeto y predicado

El problema es que este binomio oración / proposición ha sido asumido por muchos autores, pero no siempre bajo la misma visión. Así, frente a las secuencias 1 a 8, se han adoptado diferentes criterios de identificación con respecto al carácter oracional (o no) de los segmentos representados en cursiva:

1. *Juan trabaja.*
2. *Juan trabaja y Luis se divierte*
3. *Juan dice que Luis trabaja.*
4. *Mientras haya mujeres, habrá poesía*
5. *Juan trabaja* y Luis se divierte
6. Juan trabaja y *Luis se divierte*

7. Juan dice *que Luis trabaja*

8. *Mientras haya mujeres*, habrá poesía

Los diferentes criterios se indican en la Tabla 1:

	1-2-3-4	5-6	7	8
CÉSAR HERNÁNDEZ	oraciones	oraciones	proposiciones	proposiciones
MANUEL SECO	oraciones	oraciones	proposiciones	proposiciones
MARCOS MARÍN	oraciones	oraciones	proposiciones	proposiciones
ESCARPANTER	oraciones	proposiciones	proposiciones	proposiciones
ALCINA Y BLECUA	oraciones	oraciones	proposiciones	oración subordinada

Tabla 1

La diferencia entre César Hernández, Marcos Marín y Manuel Seco, por un lado, y Escarpanter, por otro, se debe a una aplicación divergente del *criterio de independencia sintáctica*. Los primeros lo toman como *posibilidad de aparición aislada* (como Jespersen), mientras que Escarpanter lo entiende como *ausencia de relaciones gramaticales externas*.

Rojo critica el binomio que supone definir la *proposición* como unión de sujeto y predicado; así, de una secuencia como *Juan trabaja* que consta de Sujeto y Predicado, se dice que es *oración*, pero no *proposición*.

Hay, además, lagunas en las formulaciones del binomio oración-proposición, por ejemplo, en una secuencia *Juan dice que Luis trabaja* no siempre se delimita con exactitud la extensión de la proposición: ¿se ha de incluir el *que* dentro de la proposición o no?

La causa de estas inconsecuencias es que el término *proposición* se ha asimilado equivocadamente al concepto tradicional de *oración subordinada*.

Como consecuencia de todo ello, para Rojo (1978:36) la distinción entre *oración* y *proposición* es innecesaria, ya que la noción de independencia sintáctica no justifica una distinción tan tajante entre secuencias que en los rasgos auténticamente gramaticales-sintácticos coinciden totalmente (unión de Sujeto y Predicado)

Una alternativa plausible a la distinción entre oración y proposición es partir del criterio de *transposición sintáctica*: muchas de las "proposiciones subordinadas" son secuencias equivalentes funcionalmente a sustantivos, adverbios, adjetivos, transpuestas a dichas funciones mediante marcas *transpositoras*:

    a) Juan dice *que Luis trabaja*

    b) *Mientras haya mujeres*, habrá poesía

    c) Este es el chico *que rompió el cristal del escaparate*

Los segmentos *que (a)*, *mientras (b)*, *que (c)* son, respectivamente, transpositores a la función nominal, adverbial, y adjetiva. La noción de proposición resulta, pues, claramente innecesaria.

1.3.2.3. Oración vs. Frase

Tradicionalmente, la diferenciación entre las nociones de *oración* y *frase* radica en la consideración de la oración como unidad donde se cumple la relación sujeto-predicado, mientras que en la frase no se da tal relación. Ante esta diferenciación surge el problema teórico de las oraciones *impersonales*, esto es, la aceptación o no de la existencia de oraciones que, no solo no tienen sujeto, sino que ni siquiera pueden tenerlo. Esta posibilidad representa en sí misma una contradicción interna en relación con la identificación de oración como unión de un sujeto y un predicado. En definitiva, ¿puede haber oraciones sin sujeto? Discutamos esta cuestión con algo más de detenimiento.

En las construcciones impersonales con los verbos *haber* y *hacer*, efectivamente, no existe sujeto. Es lo que ocurre en las oraciones *Hay libros sobre la mesa, Ayer hubo manifestaciones de estudiantes, Esta noche hizo mucho frío, Mañana hará buen tiempo*.

En este plano, los verbos atmosféricos (*llover, tronar, granizar, relampaguear, diluviar*, etc.) constituyen un caso singular. Para algunos autores sí poseen sujeto, para otros, no. Entre los primeros destacan cuatro posturas:

    a) El sujeto sería la divinidad o alguna fuerza natural. Ahora bien, si introducimos un agente o fuerza como sujeto en estas estructuras, estamos modificando la estructura sintáctico-semántica de estos predicados, que se constituirían en causativos sin serlo realmente: *llovía Dios = Dios hacía llover; llovía ≠ hacía llover*

b) Se trata de un sujeto interno. El sujeto sería así el fenómeno mismo, implícito en el verbo atmosférico de que se trate: la lluvia (*llover*), la nieve (*nevar*), la noche (*anochecer*), etc. Pero esta interpretación es de índole semántica y no sintáctica

c) Para Karl Bühler, el sujeto de estas construcciones coincidiría con el *lugar* en que ocurre el fenómeno, interpretación no exenta tampoco de un sesgo semántico-contextual y, por tanto, no sintáctica en sentido estricto

d) Otros consideran que tales verbos no son realmente impersonales ya que pueden poseer sujeto: *Llovían bofetadas desde todos los rincones; Llovieron aplausos.* Pero en realidad tales usos con sujeto implican claros desplazamientos semánticos del lexema verbal propiamente dicho.

Debemos concluir, pues, que al menos estos verbos atmosféricos son efectivamente impersonales; prueba fehaciente de ello es que no admiten la impersonalización gramatical con *se,* al ser impersonales por sí mismos: **se llueve*; **se nieva…*

En definitiva, la existencia de oraciones impersonales pone en entredicho el concepto de oración como unión de sujeto y predicado. El sujeto no es un elemento necesario al mismo nivel que el predicado, es más bien una función supeditada al verbo.

Con ello, podemos decir que entra en "crisis" la concepción binarista de oración como unión de SUJETO+PREDICADO: en realidad, el sujeto está subordinado al verbo del mismo modo que lo están el Objeto Directo o el Objeto Indirecto (Tesnière).

Al respecto, para Gutiérrez (1984), la definición de frase no presentaría diferencias cualitativas con una definición de oración como la siguiente:

> Oración = frase verbal, es decir, frase cuyo elemento principal es un **verbo finito**, aun en el caso de que carezca de sujeto

Ello supone adicionalmente que la presencia de sujeto no implique necesariamente la existencia de oración: el sujeto es un elemento subordinado al verbo como lo son el CD, el CI, etc. Infinitivo o gerundio admiten también de hecho CD o CI, y también sujeto: *al salir el sol; saliendo el sol...,* donde *el sol* sería el sujeto en una estructura no oracional (construcción verboidal).

1.3.2.4. Oración vs. Cláusula

Para superar las deficiencias descriptivas previas en torno al doblete oración / proposición, Rojo propone reintroducir la noción más "tradicional" de *cláusula*. La cláusula se entiende así como categoría sintáctica en la que tienen lugar las funciones primarias (sujeto, predicado, CD, etc.) y la oración, la categoría en la que se integran las cláusulas para constituir una unidad que, además de contenerlas, las supera.

Las semejanzas y diferencias existentes entre cláusulas y oraciones son las mismas que existen entre las palabras y las frases (sintagmas, construcciones...): del mismo modo que las palabras se combinan para constituir sintagmas en el seno de los cuales desempeñan una función, también las cláusulas se combinan entre sí para formar oraciones en el seno de las cuales desempeñan un función.

En su propuesta sintáctica global Rojo distingue entre unidades *simples, complejas y compuesta*s. Las unidades simples son las más sencillas y se constituyen como entidades unitarias; en cambio, una unidad *compleja* se autodomina en virtud de un principio de *recursividad*, esto es, contiene en alguna de las ramas inferiores un símbolo de la misma categoría. Así pues, hay frases (sintagmas), cláusulas y oraciones complejas:

[[*una mesa*][*de madera*]]
FRASE COMPLEJA

*[[los periódicos **afirman**][que el gobierno ha devaluado la peseta]]*
CLÁUSULA COMPLEJA

[[*si te* **parece** *probable*], [pero no **estás seguro** de ello], [*prefiero que lo*
discutamos *de nuevo*]] ORACIÓN COMPLEJA

En cuanto a las unidades **compuestas,** se trata de frases, cláusulas u
oraciones cuyo rótulo domina simultáneamente dos o más unidades unidas por
coordinación o dos unidades ligadas por *interordinación* (bipolares, en la
terminología de Rojo).

Por lo que respecta a las unidades oracionales, en aplicación de la distinción
entre cláusula y oración, Rojo distingue tres tipos de oraciones: monoclausales,
policlausales y bipolares[18]:

- Las *oraciones monoclausales* son aquellas en cuyo interior sólo aparece
  una cláusula. Son monoclausales todas las oraciones que en el nivel
  categorial inmediatamente inferior al nudo **O** (oración) poseen una sola
  cláusula (con un verbo "dominante"). Pueden ser oraciones **simples**
  (oración monoclausal simple): *Mi hijo está contento;* u oraciones
  complejas (oración monoclausal compleja). En este último caso, la
  cláusula dependiente se denomina *cláusula incrustada* o *inserta;* pueden
  darse al respecto varias situaciones:
  a) **Cláusulas integradas**. Cumplen una función primaria (sujeto, OD, OI,
     etc.) respecto de otra cláusula: *Los periódicos anuncian **que la bolsa
     sube*** (función de OD)
  b) **Cláusulas subordinadas**. No realizan una función primaria respecto
     a otra cláusula: *Tus amigos perdieron el paraguas **que les regalamos***
     (esta cláusula, adjetiva en términos de la subordinación tradicional,
     desempeña la función de adyacente de "paraguas" y el transpositor
     que desempeña la función de CD dentro de su propia cláusula)
- Las oraciones *policlausales* son aquellas que en el nivel categorial
  inferior al del nudo **O** (oración) contienen dos o más cláusulas (dos o más

---

[18] La caracterización de Rojo en torno a las oraciones monoclausales complejas, policlausales
y bipolares es considerada más por extenso en el Bloque 2 sobre la Oración Compuesta.

verbos) coordinadas entre sí. Se incluyen en este grupo las oraciones compuestas por coordinación, salvo las *adversativas* (al menos en la propuesta de Rojo): *Juan ha terminado un libro y Pablo está escribiendo un artículo*

- Las oraciones *bipolares* son las constituidas inmediatamente por dos cláusulas (dos verbos) que mantienen entre sí una relación de *interordinación* (o interdependencia semántico-sintáctica). Hay, pues, dos miembros cuya relación semántica puede variar (condicional, causal, concesiva, adversativa...) según la partícula o relación sintáctica establecida entre ambos: ***Si*** *vienes pronto, iremos al cine; No saldremos* ***porque*** *no tenemos dinero; Tienen frío,* ***pero*** *no pueden comprar un radiador;* ***Aunque*** *llueva, saldremos.*

1.3.2.5. Concepto de oración: recapitulación

Con lo visto hasta aquí podemos llegar a una definición operativa de oración, que sería entendida como una *estructura gramatical (unidad sintáctica) independiente de cualquier otra, que posee como propia la función central de predicado regente de la estructura, y que puede manifestarse formalmente de diversas formas* (González Calvo, 1993). Además del componente gramatical, la oración se halla revestida de un componente *suprasintáctico* (entonativo) y representa un *significado*. Estas tres ideas básicas configuran, pues, la descripción de la unidad oración, término que consideramos preferible mantener por su uso extendido en la gramática española (frente a otras opciones como la de eliminarlo de la nomenclatura gramatical en beneficio simplemente de la noción de *frase verbal con verbo finito*, como propone Gutiérrez, 1984). Por otro lado, dadas las implicaciones de sesgo conceptual que la noción de *enunciado* puede acarrear en los ámbitos de la Pragmática, el Análisis del discurso o el Análisis de la Conversación, consideramos más oportuno centrar la descripción sintáctica simplemente en la unidad *oración*. En cuanto a la noción de *frase*, es preferible limitar su empleo para hacer referencia a segmentos de discurso con autonomía sintáctica, semántica y entonativa, pero carentes de forma verbal conjugada (lo que más adelante se identifica como *frase nominal pura*).

1.3.3. Relaciones sintácticas oracionales: oraciones dependientes e independientes

La definición de oración tal como ha quedado establecida parte de la consideración de la denominada oración simple. Sin embargo, por lo dicho hasta aquí es evidente que las relaciones sintácticas oracionales no se limitan a esta posibilidad, sino que van más allá.

Así, cuando una oración se halla integrada funcionalmente como parte de otra oración, es decir, cuando la primera manifiesta dependencia sintáctica respecto de otra, decimos que se trata de una oración "subordinada" (integrada, degradada, etc. son otros términos que se han venido utilizando para hacer referencia a este tipo de relación):

<u>Me **dijo**</u>	<u>que **vendría** por la mañana</u>
ORACIÓN	ORACIÓN (DEPENDIENTE)

Inmediatamente surge un problema a la hora de calificar este tipo de relaciones: ¿qué se entiende por "dependencia" e "independencia" sintácticas?

La consideración de una oración como *dependiente* se explica aplicando el principio de *recursividad*: una oración es dependiente cuando es dominada por otra categoría de su misma jerarquía, esto es, cuando la categoría oración se autodomina. Ese estatuto categorial de autodominio se proyecta funcionalmente en las relaciones sintácticas interoracionales: las oraciones dependientes desempeñan, efectivamente, alguna función sintáctica supeditada a otra oración (sea la de sujeto, complemento directo, complemento indirecto, complemento circunstancial, complemento de régimen, etc.).

La naturaleza de esta relación sintáctica ha sido descrita en ciertos casos a partir de la oposición *exocentrismo* vs. *endocentrismo*, reinterpretando las relaciones de constelación, determinación e interdependencia formuladas por Hjelmslev. Las oraciones dependientes plasmarían, en este caso, relaciones sintácticas interoracionales endocéntricas, al menos por lo que respecta a la subordinación con una de las cláusulas como miembro de la cláusula principal, y a la subordinación de las adverbiales propias (García Berrio, 1970).

Esta visión ha constituido a su vez el punto de partida de algunas distinciones actuales más perfiladas en torno a las tradicionalmente llamadas oraciones coordinadas y subordinadas. La idea es retomada y desarrollada por extenso por Rojo (1978) o César Hernández (1980).

Como ya hemos visto en 1.3.2.4. Rojo distingue entre *cláusula* (unidad gramatical integrante de oraciones) y *oración* (unidad de enunciado), y en su sistema establece diferencias claras entre oraciones monoclausales, oraciones policlausales (coordinación), cláusulas subordinadas, cláusulas integradas en una oración y oraciones bipolares.

Por su parte, César Hernández mantiene una posición similar, si bien prefiere hablar de *nexus* antes que de *cláusula*, distinguiendo entre *nexus* subordinados y adyacentes, y sintagmas, *nexus* u oraciones coordinadas. Se identifican como *nexus* subordinados las diversas variantes funcionales del SN (SN1-sujeto, SN2-OD, Suplemento-Complemento de Régimen y Atributo, SN3-OI y SN4-CCirc.); por su parte, los *nexus* adyacentes cumplen la función de Complemento de un nombre o de un Sintagma Nominal.

Las visiones de Rojo o César Hernández, arraigadas en el principio de transposición funcional postulado por el funcionalismo de Alarcos, implican en la práctica la eliminación de la distinción entre oración simple y compuesta en el sentido tradicional, ya que las mismas funciones que desempeñan ciertas categorías en el seno de la oración simple (el SN que funciona como sujeto, CD, CI, C. Régimen, ATRIB., etc.) se manifiestan también en categorías de jerarquía superior al sintagma (p.e., la cláusula-nexus que funciona como sujeto, CD, CI, C. Régimen, ATRIB. etc.). Evidentemente, esto nos lleva a la no pertinencia de la distinción entre *oración principal* y *oración subordinada*, aplicada habitualmente a las oraciones "compuestas por subordinación": lo que tenemos en estos casos son, sencillamente, oraciones *complejas* o dependientes.

En la práctica, la distinción entre oración simple y compleja es meramente terminológica, ya que en ambos casos, la estructura sintáctica (es decir, las funciones sintácticas analizables) son potencialmente similares, si bien ocupadas por categorías de diversa índole[19].

Así pues, se observa por lo general que la identificación de una oración como dependiente se ha asociado habitualmente a la existencia de la oración "compuesta por subordinación", según la visión de la gramática tradicional, u oración "compleja" desde la óptica del funcionalismo de Alarcos y su escuela. En la práctica, la distinción entre oración independiente (simple) y oración dependiente (no simple) permite llevar a cabo el análisis sintáctico sin mayores problemas.

Frente a la oración dependiente, que cumple el principio de recursividad, la oración independiente no lo cumple, no se autodomina y, en consecuencia, no desarrolla función sintáctica alguna supeditada a otra oración. Esta afirmación resulta obvia en el caso de la oración simple y no insistiremos sobre ello, sin embargo, dado nuestro objeto de estudio, la descripción de las construcciones sintácticas que van más allá de la oración simple (independiente), se aceptará que este sea el caso de la coordinación oracional, o coordinación de oraciones "independientes".

Efectivamente, en estos casos no se identifica oración dependiente alguna. Se trata de dos o más oraciones independientes que contraen entre sí un tipo de relación formal expresada a través de un nexo coordinante o, simplemente, mediante la pausa (relación asindética). En rigor, pues, no hablaremos de una oración coordinada como unidad superior (oración compuesta), sino de la coordinación de dos o más oraciones, formal y funcionalmente independientes, que no desempeñan en ningún caso funciones sintácticas supeditadas a potenciales oraciones circunvecinas. Precisamente por ello no debería hablarse de oración compuesta: la coordinación oracional no es resultado de varias

---

[19] En el Bloque 2 sobre la Oración Compuesta afrontaremos la cuestión de que, aunque la equiparación funcional resulte bastante adecuada entre las cláusulas sustantivas, adjetivas y adverbiales "propias", existen graves problemas para identificar unidades lingüísticas que puedan asimilarse en un nivel jerárquico inferior a las oraciones "adverbiales impropias" (esto es, *comparativas, consecutivas, condicionales, concesivas,* etc.), cuya unidad sintáctica nadie discute, pero cuya organización estructural está abierta a la polémica entre los gramáticos, pues parece difícil equiparar su función con la de los complementos circunstanciales (A. Narbona, 1989). Obsérvese, en cambio, que la postura mantenida por Alarcos (1994) y algunos otros funcionalistas como J. A. Martínez (1994) es menos estricta, al advertir que la equiparación de tales proposiciones con C.Circ. causales, finales, condicionales, etc, es perfectamente viable, ya que se trata, en cualquier caso de Sintagmas.

oraciones agrupadas en torno a una unidad superior funcionalmente "más importante", sino que constituye una agrupación de oraciones independientes relacionadas entre sí formalmente (mediante nexos o, prosódicamente, mediante la pausa). La diferencia esencial, pues, entre oraciones dependientes e independientes no simples (coordinadas o yuxtapuestas) radica en que en el primer caso se produce la fusión de los miembros constitutivos y la dependencia de alguno o algunos de ellos en diverso grado, lo que, por descontado, no se produce en el segundo grupo de oraciones. Por lo demás, obsérvese que, a nuestro entender, en la descripción sintáctica en sentido estricto, debería quedar excluida cualquier alusión a la interpretación semántica (y por supuesto pragmática) de la relación interoracional de coordinación.

Por su parte, la yuxtaposición representa básicamente el mismo tipo de relación sintáctica y funcional que la coordinación, pero en ausencia del nexo coordinante. Así, la secuencia:

Luisa estudia ciencias en la universidad y su hermano se dedica profesionalmente al diseño industrial

deberá analizarse como coordinación de dos oraciones:

<u>Luisa estudia ciencias en la universidad</u>
PRIMERA ORACIÓN

Y
(NEXO COORDINANTE)

<u>su hermano se dedica profesionalmente al diseño industrial</u>
SEGUNDA ORACIÓN

Análogamente, en ausencia de nexo, se trata de dos oraciones independientes, no coordinadas, sino yuxtapuestas. Así, una secuencia como:

Luisa estudia ciencias en la universidad; su hermano se dedica profesionalmente al diseño industrial

deberá analizarse como yuxtaposición de dos oraciones:

<u>Luisa estudia ciencias en la universidad</u>
PRIMERA ORACIÓN

;
(pausa: enlace asindético)

<u>su hermano se dedica profesionalmente al diseño industrial</u>
SEGUNDA ORACIÓN

La diferencia entre ambos tipos sintácticos (coordinación y yuxtaposición) es básicamente de índole formal.

1.4. Aspectos metodológicos previos al análisis sintáctico

1.4.1. Concepto de función sintáctica

Debe estar clara la noción de función sintáctica para proceder al estudio de la sintaxis. Esta noción implica la existencia de relaciones sintagmáticas (concepto apuntado por Saussure y desarrollado con posterioridad) entre los elementos lingüísticos, entendiendo como tales las relaciones entre elementos copresentes y sucesivos en la cadena lingüística. Como advierten Rojo y Jiménez Juliá (1989:39-42) tales relaciones pueden ser[20]:

- "todo-parte" (y "parte-todo"), cuando una unidad, como tal, está constituida por otras unidades de nivel inferior (siempre que no se trate de una unidad mínima); las más generales son las *constitutivas* (o *integrativas*, vistas desde la parte), referentes a la pertenencia de una unidad a la de nivel inmediatamente superior, y las *funcionales* (Rojo y Jiménez Juliá, 1989:52-54)

- "parte-parte", o relaciones establecidas entre constituyentes directos de una misma unidad, es decir, entre unidades del mismo nivel de

---

[20]Véase al respecto el interesante resumen esquemático de tales relaciones presentado en Rojo y Jiménez Juliá (1989:61). Otros trabajos que tratan de explicar la variedad de relaciones sintácticas posibles son los de Dik (1968:caps. 3 y 8), Matthews (1981:caps. 4 y 9-12), Halliday (1961), Palmer (1964) o Rojo (1983). Tampoco debemos desestimar, en esta línea, la posibilidad de utilizar como recurso teórico aplicable a las funciones oracionales la distinción establecida desde la tagmémica de Pike entre *funtema* (o hueco funcional) y *funtivo* o elemento que rellena dicho hueco, especialmente útil al abordar el problema de la transposición sintáctica (la discusión teórica sobre este concepto puede revisarse a partir de Cook, 1969; Briz, 1991; Bühler, 1979; Coseriu, 1978; Dik, 1978; o C. Hernández, 1984).

estructura jerárquica, que forman una unidad superior. Pueden ser a su vez *secuenciales* (sucesivas) y *conectivas* (caracterizadas por la necesidad relativa entre las partes constituyentes de un todo)

Frente a esta visión del concepto de función, en Gramática Generativa parece tener poco peso específico su consideración, ya que la función se define (al menos en los primeros modelos) simplemente por la relación entre los elementos categoriales; así, p.e. un SN relacionado directamente con el nudo oración será el sujeto.

Un factor fundamental en la especificación de las funciones sintácticas viene dado por la aplicación del *criterio conmutativo*, especialmente fructífero para delimitar determinadas funciones como las de Sujeto, Pasiva refleja, SE reflexivo y verbos pronominales, Atributo, Subordinación adverbial, etc. (Gómez Torrego, 1985:4-5 y 23-64).

1.4.2. Categorías y funciones

No es infrecuente confundir las nociones de *categoría* y *función*, pero no cabe duda de que nos situamos ante dos nociones diversas, relacionadas entre sí, pero no intercambiables. Nuestra labor en el análisis sintáctico es, pues, marcar la *función* que desempeña un elemento o construcción, y determinar la *categoría no funcional* que soporta tal función, entendiendo por función, los diferentes papeles que desempeñan unas categorías en relación con otras.

En cualquier caso, hay que dilucidar si existe o no implicación mutua entre las nociones de categoría y función, meta no fácil de alcanzar, cuando ni siquiera dentro de una misma línea teórica existe siempre coincidencia en cuanto al grado de imbricación función-categoría. Así, p.e., frente a la visión funcionalista de Alarcos o de S. Gutiérrez, para quienes sí parecen existir palabras vinculadas a funciones particulares (el verbo como predicado, sería un ejemplo paradigmático), otras propuestas de similar orientación teórica como la de Pike (1967), Hudson (1967) o Halliday (1985), seguidas de cerca por Rojo y Jiménez Juliá (1989), mantienen que la clase de palabras no impone a ninguna unidad la función que realiza, por lo que no puede interpretarse que una misma estructura cambie de categoría según sea la función que desempeñe. Existen, además posturas intermedias que mantienen la existencia de cierta "solidaridad" entre algunas funciones y categorías, pero también la de funciones sin categoría específica (J.A. Martínez, 1981:496-497).

1.4.3. La visualización del análisis sintáctico

El objeto del análisis sintáctico es la segmentación y desarticulación de las secuencias hasta llegar a las unidades "sintácticas" mínimas, es decir, las palabras. Dado nuestro objeto de estudio, haremos especial hincapié en la desarticulación de las oraciones dependientes o independientes constitutivas de la secuencia lingüística sujeta a estudio. Este es esencialmente (o debería serlo), el objetivo fundamental de cualquier análisis, independientemente de sus fundamentos teóricos o metodológicos. En este sentido, desde nuestra perspectiva, el principio determinante del análisis es la visualización clara de los constituyentes sintácticos a través de sus relaciones lineales y jerárquicas.

Por lo que respecta a los modelos de segmentación podemos destacar algunas propuestas explicativas. Así, el método de *segmentación binarista* (Gómez Torrego, 1985), es criticado desde ciertas posiciones, como la tagmémica o la sistémica, que no aceptan que la estructura sintáctica deba integrar siempre necesariamente dos constituyentes inmediatos. Por su parte, la *segmentación categorial* (Pike, 1967) se propone la identificación de unidades categorizables (morfemas, palabras, sintagmas u oraciones). Otras segmentaciones toman al verbo como centro o núcleo ordenador de la oración, y hacia él convergen los distintos componentes o actantes (Tesnière, 1976; Martinet, 1965 y 1971; Alcina y Blecua, 1975:845-851; también Alarcos, 1985 al aceptar que sujeto y el resto de complementos son adyacentes del verbo).

Por lo que atañe a los criterios de visualización, la representación gráfica del análisis, requisito conveniente en el proceso de descripción de las funciones sintácticas, ha preocupado tradicionalmente a los especialistas. Así, la segmentación por *estratos*, desarrollada en Norteamérica en el Análisis de Constituyentes Inmediatos (desde Bloomfield), tiene su expresión gráfica más elaborada en el método distribucional de Hockett y su sistema de representación en casillas (Hockett, 1958). Sin embargo, pese a algunos avances posteriores, puede decirse que el "encorsetamiento" de los moldes sintácticos propuestos y el criterio excesivamente formalista, hacen que este método no resuelva de forma satisfactoria algunos problemas específicos, como p.e., el de los *constituyentes discontinuos* (Gómez Torrego, 1985:8).

El método *dependencial*, impulsado inicialmente por Tesnière (1976), utiliza como sistema de visualización de la oración los *stemma*, y resulta especialmente adecuado para representar la red jerárquica de dependencias entre los constituyentes oracionales; ahora bien, el orden lineal no tiene en este modelo importancia, o tiene muy poca, de modo que las relaciones secuenciales, constitutivas y funcionales son consideradas solo en la medida en que muestran la organización de los *actantes* y *circunstantes* de la estructura oracional.

Una aportación interesante en este ámbito es la del análisis *funcional* de Dik, que en la representacióin incluye la consideración de los componentes semántico y pragmático (Dik, 1978). Ahora bien, la ganancia del análisis en información semántica y pragmática, se traduce en una pérdida de precisión a la hora de representar las relaciones funcionales y constitutivas. En realidad, como ya hemos observado previamente, la exigencia misma de profundizar en el análisis sintáctico, nos debería llevar a la consideración secundaria de los valores pragmáticos (o los semánticos). Ello no supone, sin embargo, desestimarlos, sino que debemos preferir su más adecuada ubicación en un análisis global semántico-pragmático de los hechos lingüísticos, enfoque este último más asumible desde disciplinas como la Pragmática, la Lingüística Textual o el Análisis del Discurso[21].

De cualquier forma, nuestro propósito no es plantear aquí discusión alguna acerca de los sistemas de visualización sintáctica, por lo que preferimos una representación sencilla, basada en el clásico sistema de subrayados horizontales sobre los constituyentes sintácticos y las funciones que desempeñan, atendiendo especialmente a la visualización de sus relaciones

---

[21] En cualquier caso, el sistema de representación empleado por Rojo (1978) o Rojo y Jiménez Juliá (1989), relacionado con el modelo constitutivo-funcional de Dik (1968), es de gran utilidad didáctica para la enseñanza de la sintaxis, al igual que su teoría sobre oraciones y cláusulas, principalmente en la idea de que en dicho método quedan representadas simultáneamente, pero de forma individualizada, *categorías* y *funciones*.

jerárquicas. Los ejemplos de análisis ya aparecidos en este capítulo son muestras inmediatas de dicho sistema de análisis que iremos desarrollando en capítulos sucesivos.

CAPÍTULO 2. LA ORACIÓN SIMPLE. CLASES DE ORACIONES

2.1. Introducción. Criterios de clasificación

A partir del reconocimiento de las diferencias entre oraciones simples, complejas y compuestas, en este capítulo vamos a presentar la clasificación oracional partiendo de la oración simple.

Se acepta de inicio que la oración simple posee estatuto gramatical como unidad lingüística considerada en sí misma y que sobre esta base podemos aplicar dos criterios fundamentales para su clasificación:

- *Modalidad* (enunciación). Hace referencia al "modus" de la enunciación, esto es, a la actitud subjetiva del hablante frente a lo dicho, a las circunstancias de la emisión, etc.
- *Estructura* (enunciado). Hace referencia a lo dicho explícitamente en la oración, esto es, al producto del acto de la enunciación, o lo que es lo mismo, al "dictum"

2.2. Clases de oraciones según su *modalidad*

Por un lado, el criterio de modalidad oracional guarda estrecha relación con las diferentes funciones del lenguaje; así podemos diferenciar diversos tipos de oraciones:

- **enunciativas**: afirmativas y negativas
- **expresivas**: desiderativas, dubitativas, exclamativas, de probabilidad...
- **apelativas**: interrogativas, exhortativas

También podemos considerar este criterio de modalidad de acuerdo con los contenidos enunciativos; en esta línea, y más precisamente, Ángel López (1994:64) propone asumir el diferente uso contextual de los verbos modales como vía para considerar diversos matices de modalidad oracional. Veámoslo a partir de una oración aparentemente sencilla (declarativa y afirmativa en cuanto a su modalidad) como *María puede venir.*

Efectivamente, la interpretación de esta oración en su contexto modal podría conducir a diferentes matices de modalidad oracional, y por lo tanto a diferentes posibles interpretaciones:

- contexto *dinámico* (capacidad del agente para realizar la acción):

María es capaz de venir (es decir, María tiene capacidad física, como individuo particular, de realizar la acción de venir)

- contexto *deóntico* (condicionamientos del contexto extralingüístico, lo que se "debe" o "no se debe" hacer):

María tiene permiso para venir (no hay condicionantes externos al agente que impidan la realización de la acción; por ejemplo, sus padres han dado permiso a María para que venga, pero podrían no habérselo dado…)

- contexto *epistémico* (relación con el conocimiento de la realidad por parte del sujeto de la enunciación):

Creo que María vendrá (desde mi conocimiento de la situación de María y de las cosas mismas, tengo la creencia, más o menos firme, de que va a venir)

- contexto *alético* (relación con las condiciones de verdad intrínsecas del enunciado):
Es lógicamente posible que María venga (aplicando las reglas de la lógica, enunciar "María puede venir" implica que esa información es razonable, por lo que hay posibilidad real de que María venga)

En definitiva, la perspectiva de Ángel López abre un abanico más amplio de posibilidades para la interpretación de la modalidad oracional.

2.3. Clases de oraciones según su *estructura*

La oración simple se define, como ya hemos visto, como emisión con autonomía sintáctica, semántica y entonativa, articulada en torno a un único verbo en forma personal. El problema es que esta definición no recoge la presencia de "construcciones" sin verbo conjugado, pero con autonomía sintáctica, semántica y entonativa.

En este sentido, consideramos apropiada una definición más abarcadora de *oración simple* como estructura sintáctica que consta de un único elemento (palabra o sintagma) con función sintáctica de predicado (González Calvo, 1993:22). La cuestión es que el predicado no siempre debe ser verbal (puede no serlo en la *frase nominal pura*), pudiendo ir, además, acompañado o no de sujeto (como en el caso de las *oraciones simples impersonales*).

Esta división inicial nos permite diferenciar a priori dos grandes grupos estructurales en el ámbito de la oración simple: las oraciones de predicado verbal y las oraciones de predicado no verbal (o frases nominales puras). La Tabla 2 representa la propuesta de clasificación oracional por el *dictum*:

Oración simple					
Oración simple de predicado verbal					Oración simple de predicado no verbal (Frase Nominal Pura)
Predicativas				Atributivas	
Transitivas	Intransitivas	Reflexivas formales	Impersonales		

Tabla 2

En los siguientes apartados se describe cada uno de los tipos considerados en la tabla previa.

2.3.1. Oraciones simples de predicado verbal

Se caracterizan por la presencia de un verbo en forma personal como elemento que desempeña la función sintáctica de predicado. Pueden ser predicativas o atributivas, según la naturaleza de dicho verbo.

2.3.1.1. Predicativas

El verbo en estos casos es predicativo, esto es, tiene significado propio y pleno, porque hace referencia a una acción o proceso concreto o abstracto.

2.3.1.1.1. Transitivas

Nos referimos aquí a oraciones con complemento directo expreso o implícito en la estructura de predicado. Al respecto, puede decirse que en español el verbo no posee ningún morfema ligado a la expresión de voz, pero es posible expresar significaciones activas, pasivas o medias mediante un mismo lexema verbal, según condiciones léxicas o sintácticas diversas. Pueden diferenciarse así las siguientes opciones dentro del grupo de oraciones de predicado verbal predicativas transitivas:

- ***Activas***. El sujeto es agente de la acción y es, además, exterior al proceso verbal: *Juan ataca a Luis*

- ***Pasivas***. El sujeto es interior al proceso verbal, y no es el agente, sino el paciente de la acción: *Luis es atacado por Juan*

- ***Medias.*** El sujeto se ve afectado por la acción del verbo, es decir, la acción se produce en el sujeto, pero la forma gramatical utilizada no es la voz pasiva: *La piedra se mueve*

2.3.1.1.2. Intransitivas

En estas oraciones no aparece ningún complemento directo. Se definen por la ausencia de dicho complemento, de modo que las oraciones de predicado verbal predicativas no transitivas, si no van asociadas a algún otro requisito formal como los indicados en 2.3.1.1.3. y 2.3.1.1.4. son por definición intransitivas: *No me gusta tu vestido.*

2.3.1.1.3. Reflexivas formales

Sin entrar en mayores detalles, las oraciones de predicado verbal predicativas no transitivas que contienen un pronombre reflexivo se definen como reflexivas formales: *Luis se lava la cara.*

2.3.1.1.4. Impersonales

Cabe diferenciar al menos dos grupos de oraciones, según las características del verbo:

- *Unipersonales*. Se incluyen aquí las oraciones donde aparecen verbos de la naturaleza (meteorológicos, atmosféricos…): *Llueve, nieva, graniza…*
- *Impersonales*. Oraciones que, sencillamente, carecen de sujeto por las características estructurales del predicado verbal. Se incluyen aquí los casos de los verbos impersonales *haber* (*Hay poca gente en la sala*) o *hacer* (*Hoy hace mucho calor*), las oraciones *impersonales reflejas* (*En la reunión se apeló constantemente al sentido común*) o las oraciones *impersonales eventuales* (*Han llamado a la puerta*).

2.3.1.2. Atributivas

En estas oraciones el núcleo de la predicación es un elemento distinto de un verbo en forma personal, que se une al sujeto mediante un verbo copulativo: *Luis es simpático.* El verbo tiene, pues, un valor marginal y aporta exclusivamente valores gramaticales (número, persona, modo, tiempo, aspecto…).

El modelo más frecuente de estas oraciones de predicado verbal, que trataremos en el Capítulo 5 en detalle, es el siguiente:

Sujeto – Verbo copulativo – Atributo (Predicado Nominal) [conmutable por "lo"]

2.3.2. Oraciones simples de predicado no verbal: la frase nominal pura (FNP)

Este gupo de oraciones ha recibido diferentes denominaciones. Por ejemplo, Alarcos (1994) las considera como *enunciados sin verbo*, y S. Gutiérrez las llama *estructuras predicativas de verbo ausente*.

Se trata, en rigor, de secuencias con elipsis que presuponen en un contexto lingüístico elementos consabidos: *Prohibida la entrada* (**está**). Sus constituyentes suelen ser palabras de índole o naturaleza nominal como sustantivos, adjetivos, adverbios…

En su *Gramática de la Lengua Española* Alarcos introduce una diferenciación bastante operativa para este tipo de construcciones, considerando dos criterios fundamentales:
- la naturaleza de sus constituyentes
- su estructura interna

De acuerdo con el primer criterio Alarcos distingue entre:

- *Interjecciones*
- *Enunciados* elípticos, exclamativos, apelativos... En estos casos la situación o el contexto permiten al hablante reducir a lo imprescindible su expresión y el enunciado puede estar constituido solo por unidades nominales:

  ¿Quién ha venido? – El cartero (FNP elíptica)

  ¡Buena diferencia con tu hermano! (FNP exclamativa)

  ¡Andando! (FNP apelativa)

- *Etiquetas y rótulos: Entrada, Salida*
- *Frases asertivas bimembres: Prohibida la entrada, De tal palo, tal astilla, Vivir para ver*

Por su parte, la estructura interna de la FNP condiciona también diferentes clases que Alarcos resume en dos amplios grupos: *unimembres* y *bimembres*.

Las FNP *unimembres* están constituidas por interjecciones o sintagmas mínimos equivalentes funcionalmente a una interjección: *¡Lástima!, Gajes del oficio..., Cosas de la vida...*

En cuanto a las FNP *bimembres*, ofrecen diversas posibilidades de composición interna:

- Dos miembros yuxtapuestos con pausa intermedia e inflexión melódica intermedia en contraste (anticadencia): *Año de nieves ↑, año de bienes*
- Un miembro sustantivo + un miembro adjetivo, sin pausa intermedia. El sustantivo es el núcleo de la estructura y el adjetivo constituye su especificación: *Prohibida la entrada*
- Un miembro sustantivo (o equivalente) + un miembro sustantivo introducido por preposición. Esta estructura presenta una pausa intermedia y entonación de contraste (anticadencia): *A mal tiempo ↑, buena cara*
- Un sustantivo determinado por el segundo miembro de la FNP que suele ser un sintagma preposicional, sin pausa intermedia: *Genio y figura hasta la sepultura*

- Dos miembros unidos por un conector o conjunción: *A Dios rogando y con el mazo dando*
- Uno de los miembros de la FNP está determinado por una oración transpuesta cuya función es paralela a la que cumpliría dentro de una oración de predicado verbal: *¡Ay de vosotros, **si os pillo**!*

CAPÍTULO 3. LAS ORACIONES SIMPLES DE PREDICADO VERBAL. CUESTIONES TEÓRICAS PREVIAS

3.1.   Introducción

3.2.   Función sintáctica y caso semántico: una distinción necesaria

3.1. Introducción

Teniendo en cuenta la clasificación oracional que según el dictum hemos establecido en el Capítulo 2, y dando por explicadas las estructuras fundamentales que afectan a las denominadas oraciones simples de predicado no verbal, comenzamos en este capítulo la descripción de la oración simple de predicado verbal con su estructura prototípica, esto es, una secuencia gramatical dotada de Sujeto y Predicado (oración bimembre de sujeto y predicado verbal, como se define p.e. en Kovacci, 1990:42), entendiendo que el verbo es el núcleo ordenador de la estructura, ya que incorpora en su estructura morfológica una referencia personal del Sujeto que, sin embargo, puede no aparecer explícitamente (sujeto elíptico u omitido).

Inicialmente, según el tipo de predicado determinado por el núcleo de la oración simple distinguiremos, tal como se ha venido haciendo en la inmensa mayoría de estudios gramaticales, entre *oraciones simples predicativas* (el núcleo del predicado es un verbo predicativo) y *oraciones simples atributivas* (construcciones de predicado nominal o atributo y verbo copulativo).

3.2. Función sintáctica y caso semántico: una distinción necesaria

Al hablar de la estructura funcional de las oraciones de predicado verbal predicativo, volveremos sobre este asunto, pero sirva como avance la dificultad de aceptar ciertas definiciones semánticas de determinadas funciones gramaticales como la del "complemento circunstancial". Suele definirse este como aquel que determina o modifica la significación del verbo denotando una circunstancia de lugar, tiempo, modo, materia, contenido, etc. Pero, ¿qué se entiende exactamente por "circunstancia"? ¿Es ese un concepto "sintáctico"? Por otra parte, en estructuras como *Juan vive bien*, ¿hasta qué punto el adverbio *bien* expresa una mera circunstancia que modifica el significado del verbo *vivir*? Obsérvese al respecto que la presencia de ese adverbio condiciona esencialmente el significado del verbo y no expresa una mera "circunstancia" accesoria: no es lo mismo "vivir" que "vivir bien". Una prueba de la radical diferencia semántica entre ambas estructuras (con o sin adverbio) es el comportamiento del predicado con la negación:

- Juan no vive
- Juan no vive bien

En el primer caso Juan está muerto; en el segundo está vivo, pero no vive cómodamente. En definitiva, una consideración semántica de las funciones gramaticales no parece la mejor vía para conocer en profundidad la estructura de las oraciones de predicado verbal.

Se hace necesario por ello diferenciar bien entre *función sintáctica*, la que será en rigor nuestra opción, y *caso semántico*.

Así pues, los casos semánticos no se corresponden con las funciones sintácticas; efectivamente, no expresa lo mismo el concepto *sujeto* que el concepto *agente*, como demuestran los ejemplos <u>Javier</u> *abrió la puerta* (donde "Javier" es sujeto y agente) y *El contenedor pesa tres toneladas* (donde "contenedor" es sujeto pero no agente). En realidad, pues, los casos semánticos "especifican la interpretación semántica que debe darse a determinados segmentos en función del predicado del que dependen" (MNGLE 2010), lo que da lugar a términos como *agente, paciente, destinatario, experimentante, objeto, instrumento, causa, localización,* etc.

La propuesta de incluir criterios semánticos en el análisis sintáctico parte de una línea de estudio derivada de la GGT (Gramática generativo-transformacional), la denominada Semántica Generativa (o Gramática de Casos), que desplaza las funciones *sintácticas* y sitúa en su lugar funciones *semánticas*: el verbo asume así el papel nuclear del análisis y a él se refieren los casos semánticos profundos (Fillmore, 1968 y 1977): *El cuadro cuelga de la pared* (donde "El cuadro" funciona como *experimentador*).

Otro planteamiento diferente del estrictamente sintáctico tiene que ver con la incorporación a la sintaxis de funciones discursivas. En este caso, hay que remontarse al Círculo Lingüístico de Praga y a su propuesta de organización de los elementos en la secuencia de acuerdo con la sucesión lineal Tema/Rema (o Tópico/Comentario). En una línea similar, Halliday hablaba de *funciones textuales.* En todo caso, tales propuestas nos sitúan en un terreno muy resbaladizo donde no siempre es fácil diferenciar hasta dónde llega lo sintáctico y lo pragmático: ¿cuál sería el sujeto, desde una perspectiva funcional-informativa en una oración como *A mí me gusta la copla*?

Dados los problemas que plantean alternativas como la semántica o la informativa, mentenemos nuestra idea inicial de considerar nuclear el punto de vista sintáctico-funcional, donde las funciones sintácticas son entendidas como "relaciones de dependencia que nos permiten interpretar la manera en que se vinculan gramaticalmente ciertos segmentos con alguna categoría de la que dependen" y "(...)se establecen a partir de marcas o índices formales (...), además de la posición sintáctica" (MNGLE, 2010: 16).

Este criterio es prioritario en lo que sigue, de modo que la perspectiva funcionalista se aplica aquí al análisis sintáctico tanto de las oraciones simples de predicado verbal predicativas, como en las atributivas. A grandes rasgos, como se verá más adelante, tomamos como base de referencia la propuesta funcionalista de Alarcos donde la estructura oracional prototípica responde al siguiente esquema[22]:

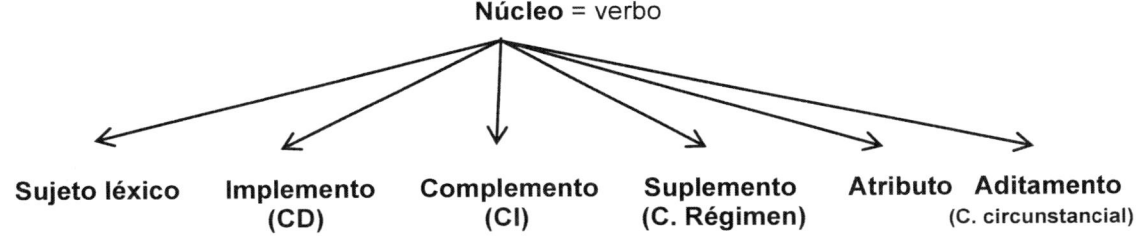

Adyacentes: "sirven para especificar con más precisión y en detalle la referencia a la realidad que efectúa el verbo o núcleo de la oración" (Alarcos 1994: 257)

---

22 La nomenclatura de las funciones sintácticas es revisada, como se verá después, desde la perspectiva funcionalista de Alarcos, de ahí la doble denominación de funciones que aparece en este esquema.

CAPÍTULO 4. LA ORACIÓN SIMPLE DE PREDICADO VERBAL PREDICATIVA. ANÁLISIS SINTÁCTICO FUNCIONAL

4.1. La oración simple de predicado verbal predicativa: estructura prototípica

Nuestro punto de partida es la consideración de la estructura prototípica de una oración bimembre de sujeto y predicado verbal (Kovacci, 1990:42): el verbo es el núcleo ordenador de la estructura, ya que incorpora en su estructura morfológica la referencia personal del Sujeto, aunque pueda no aparecer explícitamente.

El procedimiento de análisis y descripción que vamos a seguir consiste en la descripción de cada uno de los componentes oracionales y de las relaciones funcionales que tienen lugar en el interior del sujeto y el predicado.

4.2. El sujeto. Cuestiones asociadas

De acuerdo con la perspectiva funcional, el sujeto es una función solidaria tanto con construcciones predicativas como con construcciones atributivas.

La definición más tradicional (semántica) de esta función la asume como *palabra o conjunto de palabras que expresan un concepto, del cual se predica, se afirma o se niega algo, que es el predicado.* Pero el sujeto debe ser entendido como una *función gramatical, no semántica,* diferente por tanto de otras nociones como las de:

- *Sujeto* lógico, que considera el sujeto como agente de la acción; ya se ha visto previamente que el concepto "agente" es más semántico que sintáctico y por tanto no es inherente a la función de sujeto. De hecho, según la relación semántica, el sujeto puede ser: agente, causativo (*Pizarro conquistó Perú*), paciente (*Se compran joyas*) o estativo (*Juan es alto*).

- *Sujeto psicológico*, que considera el sujeto como sintagma que encabeza la oración y que centra la atención del hablante como elemento más importante; esta tampoco es, obviamente, una visión sintáctica de la función sujeto.

Como hemos dicho el concepto que debe centrar la descripción de la función sujeto es el de *Sujeto Gramatical*, esto es, un elemento de naturaleza nominal (palabra o sintagma), que concuerda necesariamente en número y persona con el verbo de la oración. En definitiva, el criterio de *concordancia* es uno de los más relevantes a la hora de basar la explicación de la función Sujeto.

4.2.1. Sujeto léxico y sujeto implícito

Alarcos (1994: 266) distingue entre

a) **Sujeto gramatical o implícito:** expresado por el morfema personal incluido en la terminación del verbo; de acuerdo con esto, en español no es necesario la aparición del pronombre sujeto, ya que las desinencias verbales son portadoras de las significaciones morfológicas inherentes a la función sintáctica de sujeto. Cuando aparece el pronombre personal sujeto su presencia obedece a razones fundamentalmente *gramaticales* (p.e., la eliminación de posibles ambigüedades) o *pragmáticas* (intención de énfasis)

b) **Sujeto léxico o explícito:** se agrega un adyacente que especifica la designación de esa persona; su presencia es opcional.

Por su parte, La NGLE (2009) prefiere distinguir entre

a) Sujeto **expreso** (equivalente al sujeto léxico o explícito, de Alarcos)

b) Sujeto **tácito** (nulo, vacío, elidido o catalizado). Dentro de este subtipo se distingue entre *sujetos tácitos referidos a individuos específicos* que permiten desencadenar concordancia de número y persona o de persona y género. (MNGLE, 2010: 643): *Estaban cansadas, Acabó harta*; y *sujetos tácitos de interpretación inespecífica (o impersonal)*, construidos con verbos conjugados en tercera persona de plural, donde se interpreta un sujeto tácito que alude siempre a personas (un individuo o varios). Este último puede ser **existencial** (*Llaman a la puerta:* 'Alguien no determinado llama a la puerta'), o bien puede hacer referencia a **conjuntos más amplios de individuos**, con un significado próximo al genérico (*Aquí atienden muy bien a los turistas*)[23].

---

[23] Anteriormente, en el apartado 2.3.1.1.4., hemos catalogado este tipo de oraciones como impersonales eventuales. El sujeto aquí en realidad no es un sujeto fehaciente, sino hipotético.

Pues bien, una cuestión importante a la hora de reconocer la función sintáctica de sujeto es saber diferenciar entre oraciones sin sujeto léxico y oraciones con verbo impersonal o unipersonal, donde la ausencia del sujeto no es sólo una cuestión léxica, sino además estructural, de manera que se trata de oraciones *impersonales*. Este tipo de oraciones están constituidas por **verbos impersonales** o bien responden a la estructura de **oración impersonal refleja** con "se" (*Se aplaudió a los jugadores*).

Dentro de las oraciones constituidas por verbos impersonales cabe diferenciar:

a) verbos *unipersonales*:

- que expresan nociones meteorológicas (verbos meteorologicos), si bien en usos figurados pueden recuperar la moción de persona (*Llovían estrellas aquella noche*)

- verbos inmovilizados en 3ª persona del singular: *Haber* impersonal, *Hacer* impersonal (con referencias temporales, climáticas: *hace frío*)

- verbos *ser/estar* con atributos referentes a lo meteorológico o lo temporal, sin sujeto lógico (*Es muy tarde; está despejado*)

b) *verbos en 3ª p. pl.*, con sujeto explícito indeterminado (*Vienen a por ti; Llaman a la puerta*); estos casos son identificados por el MNGLE (2010) como *sujetos tácitos de interpretación inespecífica* (véase más arriba), pero en la práctica, parece más razonable considerarlos como una forma de oración impersonal, sin sujeto

4.2.2. Reconocimiento gramatical del sujeto

Las principales marcas gramaticales que permiten el reconocimiento de la función de Sujeto son:

a) La **concordancia** con el verbo en número y persona; el criterio de concordancia es un criterio determinante para justificar la función de sujeto. La relación de dependencia entre el segmento que funciona como sujeto y la terminación de persona del verbo se hace patente mediante la concordancia, que consiste en igualar los morfemas de persona y número. En este ámbito hay que saber reconocer la existencia de ciertas irregularidades en la concordancia, estudiadas por Alarcos como "discordancias":

a. **Usos extensivos de la tercera persona** que incluyen tanto la primera como la segunda: *Los españoles sabemos apretarnos el cinturón cuando hace falta / Algunos españoles os resistís a perder lo ganado*

b. **Sustantivo colectivo**. Actualmente predomina la concordancia en singular con la terminación verbal (*La gente se movía*), pero se prefiere la concordancia en plural con los **partitivos** *la mitad de, la mayor parte de*: *La mitad de nosotros no pudimos llegar a tiempo...*

c. En las oraciones atributivas, pueden funcionar como sujeto explícito o como atributo un **colectivo**, un **neutro** o un **grupo sustantivado**: *Eso es mentira. Eso son habladurías. Lo que dice es pura tontería. Lo que dices son tonterías*

d. El sujeto explícito puede consistir en un **grupo de elementos coordinados**: *Dámaso y tú permanecéis callados. Tanto el director como su secretario nos recibieron amablemente.*

b) La presencia de **pronombres personales tónicos**: yo, tú, él/ella, nosotros...

c) La **posición sintáctica** (preverbal / posverbal); en ocasiones el sujeto puede ir delante o detrás del verbo (*Vinieron ayer mis hijos / Mis hijos vinieron ayer*), si bien con ciertos verbos o con ciertas estructuras, lo normal es la posposición del sujeto, salvo que se quiera focalizar (*Me apetece un pastel / Un pastel me apetece* [foco: un pastel]).

d) La **categoría gramatical**: sustantivo o sintagma nominal

4.2.3. ¿Sujeto con preposición?

Uno de los rasgos formales más característicos de la función Sujeto es la ausencia de preposición. Y esta afirmación es importante, pero no está exenta de problemas.

Surge así el problema de construcciones aparentes de Sujeto donde aparecen preposiciones como *entre, hasta* o *según*: la mayoría de autores opina que en tales contextos las unidades implicadas no funcionan como preposición; en todo caso la secuencia resultante no funciona como sujeto.

Así, para Gili Gaya *entre* o *hasta* se comportan como partículas con valor enfático: *Entre tú y yo lo haremos.* En esta oración "Entre tú y yo" funciona como complemento circunstancial / aditamento, equivalente del adverbio "conjuntamente" y que, además, responde a la pregunta "¿cómo lo hacéis?", propia de un complemento circunstancial. Igualmente para el MNGLE (2010: 639) estos grupos nominales encabezados por "entre" no suelen considerarse sujetos sino modificadores circunstanciales que expresan una acción conjunta (*Entre los dos subieron el piano> Diego y Pablo subieron el piano entre los dos).*

En cuanto al uso de *hasta* como encabezador de sujeto, dicho empleo se conecta con la consideración de *hasta* como partícula equivalente a *incluso, aun o también* (*Hasta los más bobos lo comprenden*) lo que reforzaría la idea de este elemento como partícula enfática. En este caso, *hasta* es compatible con la función sujeto, pero no se trata de un preposición: hay discusión sobre su naturaleza (adverbio, conjunción, afijo…)

En cuanto al supuesto uso de *según* como encabezador de sujeto, el Esbozo advierte que en realidad *según* introduce una secuencia subordinada con función de Complemento Circunstancial, con elipsis de verbo de lengua ("según él" = "según dice él"), lo que excluiría *de facto* la función Sujeto.

4.2.4. Otras funciones afines al sujeto.

Existen ciertos complementos de frecuente coaparición (aunque no exclusiva) con el Sujeto. Por extensión, son funciones que afectan del algún modo al ámbito del Sintagma Nominal; nos referimos al *Complemento del nombre,* a la *Aposición* y al *Inciso.*

El *Complemento del nombre* está siempre subordinado a un sustantivo y constituye un grupo preposicional (La casa *de Juan* se derrumbó); puede aparecer en el interior del sujeto como complemento de su núcleo.

La *Aposición* es una función adyacente constituida por un SN subordinado a otro SN sin que medie entre ellos preposición; para que este SN funcione como aposición, no importa la función del SN dominante en cuestión, que puede ser la de sujeto u otra:

- *Miguel de Cervantes, autor del Quijote, estuvo preso en Argel*
- *Estuvimos hablando de Miguel de Cervantes, autor del Quijote*

La condición dominante para poder hablar de aposición (sea del sujeto, del CD, etc.) es que dicho sintagma adyacente esté unido a su núcleo, de modo que carece de movilidad posicional.

En cuanto al *Inciso*, se diferencia de la *aposición* en la medida en que solo puede funcionar como complemento de un SN Sujeto y que, además, posee gran movilidad posicional:

- *El ladrón, el pobre hombre, cometió muchos errores*
- *El ladrón cometió, el pobre hombre, muchos errores*
- *El ladrón cometió muchos errores, el pobre hombre*

Obsérvese en cambio la agramaticalidad de una secuencia como * *detuvieron al ladrón, el pobre hombre.*

4.3. El predicado. Complementos del predicado.

Al estudiar el Predicado podemos establecer inicialmente una distinción entre Predicados constituidos solo por el verbo (o predicados simples) y Predicados que configuran una construcción endocéntrica cuyo núcleo es el verbo (o *predicados compuestos*) [véase R. Cano, 1983].

Los constituyentes del *predicado compuesto* (complementos directo, indirecto y circunstancial) y su descripción suelen responder a un *criterio semántico* por parte de la Gramática Tradicional:

- se dice que el *complemento directo* (CD) precisa la significación del verbo transitivo y denota simultáneamente el objeto (persona, animal o cosa) en quien recae la acción expresada por él (*Luis besa a su hermana*)

- el *complemento indirecto* expresa la persona, animal o cosa en quien se cumple o termina la acción del verbo transitivo ejercida ya sobre el Acusativo (CD) y también la acción de algunos verbos intransitivos

- el *complemento circunstancial* determina o modifica la significación del verbo denotando una circunstancia de lugar, tiempo, modo, materia, contenido, etc.

Ante esta concepción de los constituyentes del predicado, surgen de inmediato algunas objeciones. Por ejemplo, ¿seguimos hablando de CD cuando la acción expresada por el verbo no recae sobre el supuesto CD? Este sería el caso de secuencias como *Di un beso a mi madre* o *Mi hija tiene fiebre*. Permanece, además, la difícil definición del concepto "circunstancia" en relación con el complemento circunstancial…

La realidad gramatical impone, pues, la necesidad de adoptar el *criterio sintáctico* (o sintáctico-funcional), teniendo en cuenta que hay mecanismos formales que nos permiten identificar los diferentes complementos del predicado:
- la *valencia verbal:* capacidad de verbo de ser complementado por diferentes argumentos
- la *pronominalización:* posibilidad de representación de los diferentes somplementos por pronombres personales
- función de ese complemento en la *oposición activa / pasiva*: así, el CD de la voz activa pasa a sujeto paciente en la voz pasiva (*María ama a Luis / Luis es amado por María*)

Por lo demás, la propuesta funcionalista de mayor alcance en el ámbito hispánico ha sido la de Alarcos, quien propone hablar de *implemento* (Complemento Directo), *complemento* (Complemento Indirecto), *aditamento* (Complemento Circunstancial) y *suplemento* (Complemento Régimen). Alarcos da nuevos nombres a estas funciones sintácticas con el objetivo de que la nueva caracterización de dichas funciones se base únicamente en criterios formales, de modo que ante nuevas pruebas formales cabe asignar una nueva nomenclatura: "usamos en lugar de los tradicionales estos términos por la ventaja de ser breves y para evitar en lo posible ambigüedades" (Alarcos 1980).

Así pues, en la propuesta de Alarcos juegan un papel fundamental los conceptos de *argumento* (elementos nucleares a la predicación) y *satélite* (elementos marginales a la predicación); ambas nociones se relacionan con la la distinción entre *actante* y *circunstante* propuesta por Tesnière.

La cuestión de la diferenciación entre los complementos del predicado de oraciones simples de predicado verbal predicativas aparece bien resumida en las propuestas de Porto Dapena (1992) o Marcos Marín y otros (1998). De ambas descripciones se deriva la existencia de diferentes tipos de complementos, con diferentes relaciones con el núcleo verbal:

a) *complementos verbales* propiamente dichos:

- unos son exigidos por la base léxica del verbo (*complementos argumentales* o subcategorizados): si admiten pronominalización se denominan *integrables* (**implemento**, **complemento**), si no, *no integrables* (**suplemento**)

- otros no son exigidos por la base léxica del verbo (*complementos no argumentales*): **aditamento**

b) *complementos periféricos* (o *atributos oracionales,* según Alarcos); no son auténticos complementos verbales, sino más bien "oracionales", como prueba el hecho de que puedan ser conmutados en algunos casos por una estructura atributiva "oracional": *Desgraciadamente, el problema sigue sin resolverse> Es una desgracia que el problema siga sin resolverse*

4.3.1. El Implemento / Complemento-Objeto directo

Esta función sintáctica corresponde a un argumento dependiente del verbo y se define, de acuerdo con Alarcos (1994:277) como "término adyacente que designa el objeto sobre el cual se desenvuelve la actividad aludida por la raíz verbal". El MNGLE (2010: 655) precisa que el complemento directo forma con el verbo (y a veces con otras unidades) un grupo verbal y aporta información necesaria para conformar la unidad de predicación que el verbo constituye.

La descripción de esta función nos enfrenta a la necesidad de precisar sus relaciones con la noción de *transitividad*. Así, La transitividad es una cuestión relativa a la estructura de predicado, y no a la naturaleza semántica del verbo. Podemos expresar un mismo valor semántico mediante una estructura de predicado transitivo (con implemento) o sin implemento: *Juan hace un viaje / Juan viaja.*

Efectivamente, algunos verbos exigen la demarcación denotativa del objeto directo para culminar su significado: *hizo la comida, tuvo mucha suerte...*; mientras que otros verbos apenas necesitan especificación: *corren, duermes...* En realidad, una gran parte de verbos de esta índole puede aparecer con o sin objeto directo: *El niño no come / El niño comía tortilla a la francesa.*

4.3.1.1. Reconocimiento formal del implemento

- Es un complemento argumental
- Se puede sustituir por los pronombres personales átonos acusativos de tercera persona *lo, la, los, las.* Sin embargo, la pronominalización está condicionada por los rasgos gramaticales que compartan el CD y el pronombre, por lo que no se aplica en ciertos casos, como en aquellos en que el implemento es un pronombre indefinido no específico (MNGLE 2010: 656): *No traje <u>nada</u>* > **No lo traje*
- No lleva preposición o va introducido por la preposición *a* (cuando es implemento de persona)
- Al transformar la oración de activa a pasiva, el CD pasa a desempeñar la función de sujeto paciente

4.3.1.2. Implemento con / sin preposición "a"

Una de las reglas formales propias del implemento / OD es que solo se construye con preposición cuando se trata de un OD de persona: *Tengo el libro en la estantería / Quiero a mi madre.*

No obstante, la preposición "a" puede emplearse también para personificar implementos relativos a realidades no personales, como animales domésticos, por ejemplo: *Manuel cuida a su perro.* Asimismo, de acuerdo con MNGLE (2010: 659) los implementos que refieren nombres que designan cosas personificadas pueden hacer uso de la preoposición "a": *(...) como llamando a la muerte* (Panero, *Lugar*) o (...) *como si abrazase a un árbol o a una roca* (Delibes, *Mario*).

También puede darse el caso de implementos de persona que aparezcan *sin preposición* (MNGLE 2010: 659). Por ejemplo, cuando los nombres de persona designan tipos de individuos (*causar heridos, ocasionar muertos*), o cuando los nombres comunes de persona no llevan artículo ni otro determinante (*formar investigadores; nunca vi persona igual*).

En algunos casos, la presencia o ausencia de la preposición "a" con el implemento de persona está condicionado por el contexto y puede comportar un cambio importante de significado. Véase así la diferencia entre *Busco un amigo* y *Busco a un amigo*. En la primera oración se deriva una interpretación inespecífica, esto es, no se hace referencia a individuos identificables y reconocibles (en rigor, "cualquier amigo" podría servir); en la segunda, se implica una interpretación específica, ya que se está haciendo referencia a un individuo identificable y reconocible (estoy buscando "a mi amigo").

4.3.1.3.   Implemento con pronombre pleonástico. Posición del implemento.

En general, el OD suele aparecer pospuesto al verbo, por lo que en el proceso de pronominalización basta con sustituir el implemento por el pronombre adecuado (generalmente antepuesto al verbo): *Ayer vi a tus hermanos / Ayer los vi.*

Ahora bien, si el implemento se antepone al verbo o se elimina, el núcleo verbal se ve incrementado obligatoriamente con un pronombre átono indicativo de su función, que recoge los morfemas de género y número propios del sustantivo antepuesto o elidido: *Esos libros, no **los** ha leído nunca. No sé, no **las** conozco (a esas chicas).*

En ocasiones, este recurso de pleonasmo pronominal permite aclarar que el SN antepuesto al verbo es el OD (y no el sujeto): ***El martillo lo** rompe el yunque*. De hecho, sin este recurso de redundancia pronominal la función de "el martillo" sería la de sujeto: *El martillo rompe el yunque.*

4.3.1.4. Implemento de medida, peso, duración, precio

Existe la posibilidad de complementos directos con verbo transitivo que implican significados de medida, peso, duración o precio. Todos estos verbos seleccionan argumentos cuantitativos (*pesar diez kilos, medir siete metros, costar quinientos soles, tardar diez minutos*), necesarios para la estructura de predicado, esto es, no son eliminables, como ocurre con cualquier implemento.

Por otra parte, estos grupos nominales no son definidos ni se interpretan como específicos; generalmente son reemplazables por pronombres átonos: *El campo mide 100 metros (los mide), El saco pesa 50 kilos (los pesa)*; son, por tanto, integrables (pronominalizables)

Debemos evitar, pues, confundir la función de estos sintagmas nominales con la de un complemento circunstancial (aditamento) de cantidad. Sus rasgos formales son los propios del *implemento*.

4.3.1.5. Leísmo de persona

A priori, el leísmo es un uso incorrecto del pronombre "le"/"les" para expresar el implemento. Sin embargo, el uso del leísmo masculino singular de persona está admitido por la RAE, e incluso ha gozado de cierto prestigio en algunas épocas. No está admitido ni en el femenino, ni para cosas, ni en plural. Hay, pues, formas de leísmo correctas y otras incorrectas:
  - correcto: Lo vi en el pueblo (a Pedro) / Le vi en el pueblo (a Pedro).
  - incorrecto: *Le ayudé a hacer eso (a Ana).
  - incorrecto: *Dámele (el libro).

4.3.2. El Complemento / Complemento-Objeto Indirecto

Es (o suele ser) un adyacente *indirecto* del verbo que va introducido por la preposición *a* (o *para*): *Hemos comprado un regalo para María*. Es por tanto un complemento argumental que además es integrable por los pronombres *le, les*: *Le* hemos comprado un regalo.

De acuerdo con el MNGLE (2010: 672-673) el complemento responde a varios esquemas sintácticos que se dan con mayor frecuencia:

  - **complemento indirecto + sujeto**: *¿A usted le gustan las vacas?*

- **sujeto + complemento indirecto + complemento directo** (esquema de doble transitividad): *El otro **le** reprochó su incredulidad*
- **sujeto + complemento indirecto + complemento de régimen**: *No **le** habló de operar*
- **sujeto + complemento indirecto + atributo**: *Yo **a usted le** he sido fiel desde el principio*

4.3.2.1. Aspectos semánticos del complemento (indirecto)

Desde una perspectiva semántica, los complementos indirectos designan el receptor, el destinatario, el experimentador, el beneficiario y otros participantes en una acción, proceso o situación (MNGLE 2010: 671). Por lo común se refieren a seres animados, pero el término del destinatario también puede aludir a seres inanimados: *He cambiado la cerradura <u>a esta puerta</u>; Ha puesto muchas notas <u>al texto</u>.*

Por otro lado, desde una perspectiva más precisa, el complemento puede referir semánticamente a diferentes elementos (MNGLE 2010: 679):
- al **destinatario** de una acción o un proceso: ***Le** entregaron el dinero*
- al **experimentante**: ***Le** gustaba madrugar*
- al punto de **origen** de una acción o un movimiento: *Se **nos** apartó*
- al **término** de una acción: ***Le** fue **a su mamá** con el cuento*
- a la **ubicación**: ***Le** puso flores **a la mesa***

Los verbos con complemento (complemento indirecto argumental) pueden pertenecer a clases semánticas diversas (MNGLE 2010: 679-682):
a) Verbos que denotan transferencia (CI = receptor o destinatario): *confiar, dar, entregar, enviar, regalar*, etc.
b) Verbos de comunicación: *contestar, decir, escribir*, etc.
c) Verbos que expresan demanda: *demandar, pedir, preguntar, reclamar, solicitar*, etc.
d) Verbos de asignación o atribución de algo: *adjudicar, atribuir, reconocer*
e) Verbos que denotan afección (psicológicos): *aburrir, encantar, entristecer, gustar, interesar, preocupar, sorprender*

f) Verbos que indican acaecimiento (*ocurrir, pasar*...), daño o provecho (*beneficiar, perjudicar*...), necesidad o suficiencia (*faltar, sobrar*...), pertenencia (*pertenecer*)...

g) Verbos que indican dirección, destino o término (*acercarse, compararse, agregarse, someterse, sobrevenir*...)

h) Verbos que expresan separación (*alejarse, apartarse*...)

4.3.2.2. Alomorfia en el Complemento Indirecto: SE/LE como complemento

Se utiliza el pronombre personal SE como sustituto de LE, LES (complemento indirecto) cuando acompaña a un pronombre LO, LA, LOS, LAS en función de complemento directo. Se emplea en cambio LE/LES si el complemento directo es un Sintagma Nominal o una Oración Sustantiva: Se lo di / Le di el libro; Cuando me los encontré, se lo dije / Cuando me los encontré, les dije lo que sabía.

La cuestión más interesante es justificar por qué se produce esta elección morfosintáctica cuando concurren el pronombre CD y el pronombre CI, ya que, gramaticalmente hablando no hay nada que impida que pudieran utilizarse las formas LE/LES para la indicación pronominal del complemento.

En algunos casos se ha aludido a que la alomorfia de SE/LE-LES estaría causada por el efecto cacofónico que se derivaría del empleo de LE/LES en concurrencia con LO/LA/LOS/LAS, lo que en realidad no deja de ser una mera conjetura poco fundamentada: *Compraron un coche a su hijo> Lo compraron a su hijo > *Le lo compraron a su hijo.* Objetivamente no hay una causa justificada, gramaticalmente hablando, para rechazar la forma LE en la última oración.

Las causas son más bien históricas y tienen que ver con la evolución morfosintáctica y fonética del español. Así, en el proceso de evolución fónica de la combinación latina ILLI+ILLU(M) / ILLA(M) / ILLOS / ILLAS, origen etimológico del actual SE+LO/LA/LOS/LAS, hay que entender cómo ha ido adaptándose a lo largo de siglos la articulación fónica de la primera forma pronominal. Efectivamente, por su posición inicial, la consonante geminada latina –LL– de ILLI en concurrencia con ILLU(M) / ILLA(M) / ILLOS / ILLAS se refuerza articulatoriamente y se palataliza, de ahí la ortografía "gelo" con que aparece en muchos textos de castellano antiguo la combinación ILLI ILLU(M), inicialmente como consonante sorda y con pérdida de la vocal inicial (ILLI> ge). La evolución de ILLU(M) en posición secundaria no se materializa en análogo refuerzo consonántico, sino que la consonante geminada latina –LL– se simplifica dando lugar al pronombre átono "lo", con idéntica pérdida de la vocal inicial (ILLU(M)> lo).

Posteriormente, la consonante sorda de "ge" se sonoriza en una época de sonorización generalizada de este tipo de consonantes, dando lugar a una articulación que podemos representar como "ze", todavía (pre)palatal, aunque ya sonora. Finalmente, entre los siglos XVI y XVII el ensordecimiento generalizado de sibilantes del castellano da lugar al cambio de "ze" por el actual SE, que se ha mantenido hasta hoy sin cambio fonético alguno.

En consecuencia, SE y LE proceden del mismo morfema en origen (ILLI), contextualmente diferenciado, por lo que puede hablarse perfectamente de la alomorfia del pronombre de complemento indirecto en español, que tiene dos formas SE y LE. Y debe descartarse por completo, pues, la idea de una supuesta cacofonía en la concurrencia de LE y LO/LA/LOS/LAS.

En síntesis, la alomorfia de SE/LE se explica así:

ILLI(SE) ILLUM (LO) > gelo (gelo)> zelo> selo > se lo

4.3.2.3. Complemento Indirecto con "para"

Aunque la definición canónica del complemento aboga por la posibilidad formal de las preposiciones "a" o "para" (*Le dio un regalo a su amiga / Le dio un regalo (a su hermana) para su amiga*), existen ciertos casos que pueden hacer dudar de esta circunstancia.

De hecho, tanto Alarcos (1994) como la NGLE (2009) coinciden en que los grupos encabezados por "para" no funcionan realmente como CI porque:

a) no permiten la sustitución por pronombres átonos ni pueden coaparecer con ellos: *Compró flores para su madre* (*le ≠ para su madre*).

b) en una misma oración pueden coexistir CI y CC con "para": ***Le** compró un diccionario **para su hijo.***

En definitiva, aunque algunas gramáticas tradicionales consideraban también como complementos indirectos los encabezados por la preposición *para* cuando introducen el destinatario de alguna acción, en la actualidad la tendencia mayoritaria es a pensar que no lo son, ya que no admiten la sustitución por pronombres dativos. No serían equivalentes, por tanto, *Le dio un regalo a su amiga* y *Le dio un regalo para su amiga*.

4.3.2.4. Complemento Indirecto pleonástico

El CI admite frecuentemente la reduplicación: *Juan le regaló un libro a su primo*. Ocasionalmente puede entenderse como mecanismo de énfasis. En otros casos, la reduplicación es obligatoria, generalmente cuando el CI precede al verbo: *A su primo Juan le regaló un libro*

4.3.2.5. Complemento Indirecto y doble transitividad

Para algunos gramáticos el CI está vinculado a estructuras de doble transitividad con verbos de tres valencias (sujeto, CD y CI), como en *María da un beso a Pablo*.

Según esta visión sería "extraña" la presencia de CI en una oración como *A tu hermano le duele **la cabeza***, donde "doler" no parece ser un verbo de valencia 3 y "la cabeza" funciona como sujeto. ¿Cómo explicar entonces que "le"/"a tu hermano" funcionen como CI?

Pues bien, en casos como este la doble transitividad residiría en la estructura profunda, dada la posibilidad de conmutar este tipo de verbos (como "doler") por una paráfrasis con el verbo "hacer + CD", de modo que "doler" = "hacer daño". De este modo, el verbo sería de valencia 3 y por eso se justificaría la existencia de CI:

A tu hermano	le	hace	daño	la cabeza
CI	CI	V	CD	SUJETO

Evidentemente, el argumento anterior no es de carácter sintáctico, sino semántico, y debería desestimarse desde una perspectiva estrictamente funcionalista. Simplemente, hay verbos que tienen CI (y por eso precisamente es preferible llamar "complemento" al CI) pero carecen de implemento en su estructura de predicado.

4.3.2.6. Dativos. Complementos "Indirectos" no argumentales

El MNGLE (2010:682-684) incluye en este grupo una serie de "complementos" aparentemente "indirectos" por su carácter pronominal que, sin embargo, no cumplen ninguna función nominal como sería la del complemento o complemento indirecto en sentido estricto. De hecho no son conmutables por "le/les" (lo propio de este tipo de complemento), y si lo son, es a costa de una modificación estructural o semántica tan radical que la construcción cambia de modo crítico. Así, en *Juan se comió el bocadillo* el pronombre SE de 3ª persona no funciona como CI, no es conmutable por LE sin que la modificación acarree un cambio crítico de la estructura: *Juan le comió el bocadillo* (en este caso estamos afirmando que Juan quitó a alguien el bocadillo y se lo comió; ese sentido de "robo" no aparece en ningún caso en la oración inicial *Juan se comió el bocadillo*, de modo que SE no es un pronombre CI, sino un pronombre dativo que, como veremos a continuación, se identifica con el denominado Dativo de interés).

Todos estos dativos constituyen usos pronominales derivados directamente del latín que pueden dividirse en cuatro grandes grupos (MNGLE 2010: 683-684): dativo *expletivo* (o de interés), dativo *ético*, dativo *posesivo* (o simpatético) y dativo *aspectual* (o concordado).

4.3.2.6.1. Dativo de interés

Tiene un valor de énfasis y es gramaticalmente innecesario. Denota la persona o la cosa que resulta beneficiada o perjudicada por la acción verbal. También recibe las denominaciones de dativo de daño o provecho, dativo benefactivo o malefactivo, entre otras (MNGLE, 2010: 682): *Juan **se** bebe una cerveza*. Una forma de diferenciar este uso del dativo ético es teniendo en cuenta que en esta construcción el pronombre dativo concuerda con el sujeto del enunciado, esto es, existe variación pronominal de 1ª, 2ª o 3ª personas: *Yo/tú/él-ella me/te/se bebo/bebes/bebe una cerveza*. Como veremos a continuación en el caso del dativo ético la concordancia es de carácter "pragmático" entre el dativo y el sujeto de la enunciación (que siempre es 1ª persona).

4.3.2.6.2. Dativo ético

En esta construcción el pronombre dativo átono no reflexivo señala al individuo que se ve afectado indirectamente por la acción verbal, el sujeto de la enunciación, esto es **yo** (o **nosotros**): *No te **me/nos** pongas nervioso. Juan se **me/nos** fue a Madrid.* Evidentemente, este pronombre también es gramaticalmente innecesario.

Su valor subjetivo es más que claro: con la presencia del dativo ético se quiere expresar una participación muy estrecha del sujeto enunciativo en el proceso verbal.

4.3.2.6.3. Dativo posesivo (simpatético)

Este dativo puede interpretarse como CI de posesión, ya que en realidad no ha perdido su carácter pronominal en la medida en que sí es conmutable por LE: *Se **me** torció el tobillo* (*Se **le** torció el tobillo*). La cuestión particular es que este uso pronominal permite expresar el poseedor en concurrencia con sintagmas nominales que indican la cosa poseída.

Este uso es muy frecuente cuando se hace referencia a partes del cuerpo o a prendas de vestir: *Luis quitó sus zapatos de la estantería*, pero *Luis **se** quita los zapatos* (= se descalza de **sus** zapatos).

A veces las dos construcciones, la que emplea el determinante posesivo y la que emplea el dativo simpatético, son equivalentes: Felisa *puso el niño en **sus** brazos* / *Felisa **le** puso el niño en los brazos.*

Según aclara MNGLE (2010: 683) este dativo posesivo puede denotar también relaciones más laxas como las de parentesco (*Se **le** casaron todos los hijos*), autoría (***Te** ha quedado muy bien la redacción*) u otras nociones que pertenecen de forma más o menos estrecha a la esfera del individuo (***Le** va la vida en ello; Se **nos** acaba el plazo; Se **me** va el tranvía…*)

4.3.2.6.4. Dativo aspectual (concordado)

Se parece al dativo ético por su valor afectivo-subjetivo, pero se diferencia de él en que, como los pronombres reflexivos, el pronombre dativo concuerda en número y persona con el sujeto: *Ya me* [1.ª persona singular] *leí* [1.ª persona singular] *toda la prensa.* Así, la diferencia entre "me leí toda la prensa" y "leí toda la prensa" reside en que la presencia del dativo concordado representa la aplicación de un mayor esfuerzo por parte del sujeto en la realización de la acción, esto es una mayor implicación de este, y por tanto mayor subjetividad.

Otros ejemplos de dativo concordado: *Juan **se** cree todo lo que le dicen; Mi hermano **se** encontró repentinamente con tu primo; El toro **se** saltó sorpresivamente la barrera.*

4.3.3. Suplemento y Complemento de Régimen (CR)

4.3.3.1. Caracterización

Es una función sintáctica representada por grupos preposicionales. La preposición está seleccionada por el núcleo (a menudo fija).

Es un complemento argumental u obligatorio, no marginal, a diferencia del complemento circunstancial; si bien no existe rección en todos los suplementos (la supresión de algunos no genera el mismo tipo de secuencias anómalas). Prueba de ello es que la función del implemento (CD) y la del suplemento (CR) son equiparables, ya que ambos tipos de función permiten completar el significado del verbo; existen, de hecho, algunos verbos que alternan el uso de implemento y el de suplemento: *El perro cuida la casa (CD) / de la casa (CR); Dudo que venga (CD) / de que venga (CR); Le informo que subirá la nómina (CD) / de que subirá la nómina (CR); Hablaba español (CD) / en español (CR).*

Por otra parte, el suplemento también puede alternar con el sujeto con ciertos verbos que denotan suficiencia: *Me bastas tú ~ Me basta contigo; Son suficientes dos sesiones ~ Es suficiente con dos sesiones.*

Asimismo, el CR no se puede sustituir por pronombres átonos, sino por la combinación **preposición + pronombre tónico**: *Juan habló de su padre con rencor > Juan habló de él con rencor.*

4.3.3.2. Suplemento y preposición

Con respecto a la obligatoriedad de la preposición y su vinculación con la base léxica del verbo en la función de suplemento, algunos predicados eligen una única preposición (*disentir de, renunciar a, carecer de*), mientras que otros son compatibles con varias preposiciones, por lo que su aceptación o no como suplementos puede quedar más en entredicho. La compatibilidad múltiple es frecuente con complementos que denotan 'materia' o 'asunto: *hablar (de / sobre / acerca de / a propósito de) política;* 'destino' y 'dirección': *viajar (a / hacia / hasta) algún sitio*, etc. (MNGLE 2010: 686).

Por otro lado, algunas alternancias preposicionales acarrean un cambio notable en el significado, mientras que otras apenas dan lugar a una leve modificación o, incluso, no cambian el sentido nuclear. Véanse así las alternancias siguientes: *empezar por* ('realizar una acción antes que otras') y *empezar a* ('dar comienzo a una acción'); *acertar a / acertar con; atreverse a / atreverse con; optar a / optar por; participar de / participar en; tratar de / tratar con,* etc. No siempre resulta fácil en estos casos determinar el carácter de suplemento de tales complementos preposicionales.

Un criterio bastante determinante al respecto es el grado de *opcionalidad* preposicional que tenga la construcción en cuestión. Si la opcionalidad es muy abierta, obviamente esa preposición no estará tan estrechamente vinculada con la base léxica del verbo (*dirigirse a, hacia, hasta, contra…*) como si la opcionalidad es mínima o, a veces, ninguna (*carecer de*). En el primer caso la consideración funcional de suplemento es bastante discutible, en el segundo, resulta indudable que estamos ante un complemento de régimen preposicional.

4.3.3.3. Suplemento y régimen verbal.

La NGLE (2009) señala cuáles son los verbos principales que se construyen con suplemento:

- Verbos pronominales: *arrepentirse (de), atreverse (a), desprenderse (de), enterarse (de), esforzarse (en), ocuparse (de), preocuparse (por), quejarse (de), reírse (de),* etc.
- Verbos no pronominales: *acceder (a), equivaler (a), bastar (con), convencer (de), depender (de), influir (en), insistir (en), recurrir (a),* etc.
- Verbos que alternan la construcción de implemento con la suplemento: tratar (un asunto) / tratar de (un asunto), esperar (algo = tener esperanza) / esperar a (algo/alguien = aguardar), pensar (algo/ que… = creer) / pensar en (algo/ que = considerar una posibilidad), etc.

4.3.3.4. Suplemento y aditamento (complemento circunstancial)

De acuerdo con Alarcos hay comportamientos gramaticales y funcionales que permiten diferenciar el suplemento del complemento circunstancial o aditamento (función esta última de la que hablaremos en 4.3.5. con más detalle):

- En el caso del suplemento, la preposición es seleccionada por el verbo, que no puede construirse sin tal complemento (es necesario y obligatorio): *Pedro habla (de algo). Juan carece (de defectos). Cuento (con tu ayuda).* Por el contrario, los complementos circunstanciales pueden eliminarse sin que el verbo quede afectado en su significado fundamental

- En el caso del suplemento, la preposición tiende a no variar y a ser siempre la misma, siendo por tanto seleccionada por el verbo

- El suplemento no predica semanticidad circunstancial (modo, tiempo, etc.)

- El suplemento no puede sustituirse por un adverbio; el complemento circunstancial sí (aunque, como veremos, esto no se produce en todos los aditamentos)

- La función de suplemento no atiende a la pregunta formulada por un adverbio interrogativo (*cómo, cuándo, dónde, cuánto*), sino a la formulada a partir de la construcción **preposición + *qué, quién, quiénes, cuáles***. No es, pues el mismo complemento el que aparece en "hablar *de política*", con CR, que en "hablar *de pie*" o "*de día*", complementos circunstanciales de Modo y de Tiempo, respectivamente.

- El suplemento, en general, no es dislocable, no se puede cambiar fácilmente de lugar en la oración, como sí puede hacerse en el caso del aditamento

- La preposición del suplemento está vacía de contenido semántico o va camino de desemantizarse, al contrario que la preposición del aditamento, que se encuentra llena de significado. Pocas son las preposiciones susceptibles de vaciarse de contenido significativo; las preposiciones que se usan para los suplementos pierden su significado de base (*a, de, en, con...*)

84

4.3.3.5. Clases de suplemento

Para Alarcos (1990), las condiciones estructurales del complemento de régimen preposicional o suplemento permiten diferenciar algunas variantes al margen del suplemento propiamente dicho (**suplemento propio**):

a) **Suplemento Indirecto.** Requiere de la presencia de implemento: *el camarero limpia de colillas el suelo*; si suprimimos el implemento, el verbo se queda incompleto en cuanto a su significado: "El camarero limpia de colillas..."

b) **Suplemento Inherente**. Está a medio camino entre el suplemento y el aditamento: *metió el coche **en el garaje**"* = "*lo metió **allí**"* o "*sacó el libro **del estante**"* = "*lo sacó **de allí**".* Entre los verbos que pertenecen a este grupo están *residir, permanecer, proceder, venir, emanar, huir,* etc.: *Residía en Maracaibo.*

Según el MNGLE (2010: 687) existe un grupo de "complementos argumentales de ubicación" (*Puso el libro en la mesa*) que están relacionados con los complementos circunstanciales y con el suplemento inherente, pero no corresponden propiamente a ninguno esos dos grupos. Efectivamente. a diferencia del suplemento, las preposiciones en estos complementos argumentales de ubicación no están seleccionadas por el verbo: *Puso el libro en I sobre I bajo I tras I ante la mesa.* Por otro lado, a diferencia de los aditamentos, el significado de estos complementos sí está exigido por el verbo (expresión de lugar).

c) **Suplemento Atributivo**. Es un complemento preposicional cuya preposición es seleccionada por el verbo (por, de...) y que, por tanto, guarda afinidad estructural con el suplemento, pero tiene doble incidencia, ya que además de afectar al verbo puede afectar a otra función de la oración como la de *sujeto* ("el presidente pasa *por tonto*"; "habéis pecado *de ingenuos*"; "trabaja *de maquinista*"...) o la de *implemento* ("metió a su hijo *de portero*"), por lo que, en términos funcionalistas se trata de un "atributo" preposicional de tales funciones (del sujeto, del implemento...); puede decirse, pues, que se trata de un *suplemento atributivo*

4.3.3.6. Complementos argumentales de sustantivos y adjetivos

Hemos considerado hasta aquí que la función de suplemento o complemento de régimen preposicional es una función sintáctica vinculada al verbo, es decir, un complemento verbal argumental no integrable: *depender de sus amigos, traducir al español.*

La realidad es que esta misma (o similar) relación de rección preposicional puede ser desarrollada por sustantivos o adjetivos, no solo por verbos: *dependencia de sus amigos, traducción al español; dependiente de sus amigos, traducible al español.*

En definitiva, a diferencia de otras funciones sintácticas (complemento directo, sujeto), los complementos de régimen pueden estar seleccionados por sustantivos (*dependencia, traducción*) y por adjetivos (*dependiente, traducible*). Los paradigmas de estos sustantivos o adjetivos proceden a menudo de voces vinculadas etimológicamente a verbos, lo que explica que hereden el régimen preposicional de tales verbos (MNGLE 2010: 685).

4.3.4. El predicativo

4.3.4.1. Definición

Desde la perspectiva funcionalista el complemento predicativo es identificado como un Atributo, con verbos no copulativos; de hecho, desde esta óptica se prescinde de la nomenclatura más tradicional de predicativo y se habla simplemente de atributo de verbos no copulativos.

El predicativo es un complemento que se sitúa en el ámbito estructural del predicado (el verbo), pero que puede afectar o incidir sobre algún otro elemento funcional de la oración, por ejemplo, sobre el sujeto: *Los niños permanecieron inmóviles.*

Una de las principales diferencias gramaticales entre el atributo propiamente dicho y el predicativo es que este último no es pronominalizable por *lo.* En cuanto a sus similitudes con el atributo está que el predicativo concuerda en género y número con el sujeto o el implemento (como ocurre entre atributo y sujeto, como se verá en el Capítulo 5).

Desde el punto de vista categorial la función de predicativo puede ser ejercida por un sintagma adjetival, un sintagma nominal (con verbos como *elegir, nombrar, considerar, llamar*) o por un sintagma preposicional: *María llegó rendida; Nombraron director a Fernando; Te tomo por amigo.*

4.3.4.2. Clases de predicativos

En líneas generales, las gramáticas suelen hablar de dos clases de Predicativo, el predicativo subjetivo y el predicativo objetivo.

En el primer caso, el complemento predicativo incide sobre el verbo y el sujeto: *El niño duerme **tranquilo.***

Por su parte el predicativo objetivo incide sobre el verbo y el implemento; se trata de construcciones heredadas del latín con doble acusativo: junto con el CD aparece otro complemento argumental del verbo no introducido por preposición que modifica a dicho CD (Atributo del Implemento): *Tiene las orejas **pequeñas,** Llamaron **tonto** a Fernando.*

Además del predicativo subjetivo y el objetivo, este complemento de predicación secundaria puede incidir sobre otras funciones distintas del sujeto o del implemento:

- Predicativo del *complemento* (complemento indirecto): *Le extrajeron la muela dormido*
- Predicativo del *suplemento* (complemento de régimen): *¿Se acuerdan ustedes de Enrique borracho?*
- Como complemento de un *grupo nominal* (casi siempre formado por sustantivos deverbales o de representación). Al igual que *cansado* es un complemento predicativo en *Enrique llegó cansado*, lo es también en *La llegada de Enrique <u>cansado</u>*, pero incidente sobre el núcleo nominal "llegada".

4.3.4.3. Infinitivo como atributo del implemento

El infinitivo puede funcionar como complemento predicativo cuando está incidiendo como predicación secundaria sobre un implemento ya existente; esto ocurre muy frecuentemente si dicho infinitivo es complemento también de un verbo de percepción sensorial (*oír, escuchar, sentir...*) que ya tiene un implemento: *Oigo **sonar** (atributo del implemento) **las campanas** (implemento).* Evítese confundir en estos casos el radio de acción del implemento, que no viene dado por una supuesta construcción de infinitivo ("sonar las campanas"), sino que coincide con el objeto directamente relacionado con el verbo ("oigo *las campanas*"), como prueba el hecho de que dicho implemento es integrable por un pronombre átono que concuerda con él en género y número, permaneciendo inalterado el infinitivo: *LAS oigo sonar.* En tal caso, la función del infinitivo es modificar al complemento directo, esto es, en el ejemplo comentado, "las campanas".

4.3.5. Aditamento y Complemento Circunstancial

La oración puede aparecer complementada en su predicado mediante complementos marginales, no argumentales, los denominados complementos circunstanciales (aditamentos en la terminología funcionalista de Alarcos) clasificados a lo largo de la tradición gramatical por medio de criterios semánticos más que gramaticales (Gutiérrez, 1985 y 1997:384). Esta inclinación por el criterio semantista ha llevado a cierta vaguedad en las definiciones de complemento circunstancial; así, Pérez Rioja (1954) lo definía como "término que, al modificar la significación del verbo, denota circunstancias".

El problema radica aquí en aclarar qué significa el término "circunstancia", ya que en muchos casos la idea de circunstancia, semánticamente hablando, no coincide con la función de complemento circunstancial, como es el caso de los siguientes adyacentes verbales: Está *mal (atributo),* Anduvo *siete kilómetros (implemento),* Se acercó *a la vieja (complemento),* Huele *a gas (suplemento),* Los tomaron *por tontos (predicativo del CD)...*

Lo característico de los aditamentos es que sean complementos en el Predicado, marginales y no argumentales, esto es, su nivel de proximidad al núcleo verbal es menor que la de los complementos argumentales. Al respecto, la NGLE (2009) los denomina *adjuntos verbales* en cuanto que son modificadores opcionales, no previstos en el significado de su núcleo, el verbo.

Por lo demás, el reconocimiento del complemento circunstancial viene dado por varios hechos:

- su carácter marginal o de adjunto
- su presencia o ausencia no afecta al funcionamiento de los elementos fundamentales de la oración, son eliminables: *Comieron mucho bacalao **en su casa***; sin embargo, cuando dos o más complementos distintos pueden expresar aisladamente la misma circunstancia (es decir, son aditamentos), como en el caso de Vivían *en aquel oasis bajo unas palmeras*, ¿cuál de ellos es auténticamente marginal o eliminable? ¿es posible eliminar ambos complementos?
- posee gran libertad posicional
- no se sustituye por pronombres personales átonos
- pueden ir con preposición o no
- formalmente puede ser un Sintagma adverbial, un Sintagma preposicional, un Sintagma nominal o también una oración subordinada (adverbial propia)

Hay que hacer una observación importante, no obstante, con respecto a la idea de marginalidad del complemento circunstancial, particularmente en oraciones negativas o precedidas por una negación. En estos casos, aunque marginales sintácticamente, el complemento circunstancial puede ser decisivo para delimitar el valor semántico final de la emisión. Véanse así las dos oraciones que siguen:
- *Juan no venderá ropa en el mercadillo*
- *Juan no venderá ropa*

En la primera la negación afecta al aditamento, pero no al verbo: que Juan no venda ropa en el mercadillo no quiere decir que no venda ropa, en cambio, si eliminamos el aditamento "en el mercadillo" la negación afecta al valor semántico mismo del predicado: Juan no va a vender ropa.

Por lo demás, una forma de precisar la descripción de esta función es partiendo de dos criterios diferenciadores:

- según la capacidad del aditamento para ser o no *conmutable por un adverbio*: complementos circunstanciales adverbiales y no adverbiales
- según el "grado" de *marginalidad* del aditamento: complementos circunstanciales internos y externos

4.3.5.1. Aditamento (complemento circunstancial) y conmutabilidad por adverbio

Como hemos indicado, de acuerdo con este criterio podemos diferenciar dos grupos de complementos circunstanciales, los adverbiales y los no adverbiales.

4.3.5.1.1. Complementos circunstanciales adverbiales

Son conmutables por un adverbio y su relación con el núcleo verbal es muy marginal (todos los verbos, de hecho, admiten este tipo de complemento). Dentro de este grupo están los aditamentos de lugar, de tiempo y de modo.

- Aditamento de lugar

Complemento circunstancial no exigido por la naturaleza léxica del verbo. Indica circunstancias de lugar, es permutable por adverbio de lugar y prescindible: *María trabaja **en la oficina**.*

- Aditamento de tiempo

Complemento circunstancial (no argumental) que indica circunstancia de tiempo. Es permutable por adverbio de tiempo y prescindible: *Las lluvias llegarán **en otoño**.*

- Aditamento de modo

Complemento marginal que expresa circunstancias de modo. Es permutable por adverbio de modo y prescindible: *Tus padres me hablaron **con descortesía**.*

Con relación a este tipo de complementos circunstanciales adverbiales hay que advertir además que solo desempeñan esa función los sintagmas con significado locativo, temporal o modal que cumplen las condiciones propias del aditamento, esto es, sintagmas idénticos pueden desempeñar otras funciones en otros contextos. Veamos así el caso de "en el mercadillo":

- Aditamento en *Juan no venderá ropa **en el mercadillo***
- Complemento Periférico (Marco oracional) en ***En el mercadillo**, todos los productos son baratos*
- Complemento del Nombre en *Los robos **en el mercadillo** son habituales*

- Complemento del Adjetivo en *Los precios, asequibles **en el mercadillo**, resultan caros en otros comercios*

4.3.5.1.2. Complementos circunstanciales no adverbiales. El complemento agente.

No permiten su permutación por un adverbio. Su presencia depende de su (in)compatibilidad semántica con el núcleo verbal. Significan finalidad, causa, concesión, cantidad, compañía, instrumento, medio, materia, beneficiario... Mención aparte en este grupo merece el denominado Complemento Agente, que desde la perspectiva funcionalista es considerado como una forma de aditamento (complemento circunstancial) no adverbial.

- Aditamento de finalidad

Introducido por **para, por, a** (o ciertas locuciones prepositivas); su aparición se restringe solo a procesos que suponen intencionalidad: *Adornaban la casa **para la fiesta***

- Aditamento de causa

Introducidos por **por, con, de** (o ciertas locuciones prepositivas): *La cosecha se perdió **con las heladas***. Su relación semántica con el verbo es de causa-efecto: la predicación de la oración se manifiesta como efecto producido por la causa del aditamento de causa

- Aditamento de concesión

Expresa una objeción a lo que se predica en la oración, sin que ello impida el cumplimiento de la acción verbal. Es introducido por locuciones prepositivas como *a pesar de, pese a*, etc.: *El partido se jugó **a pesar de la lluvia***

- Aditamento de cantidad

Introducido por diferentes preposiciones para completar procesos que admiten cuantificación: *He comprado el libro **por cincuenta euros***

- Aditamento de compañía

Introducido por la preposición **con** (o locuciones prepositivas con este valor). Implica la unión de uno o más individuos al sujeto o al implenento: *Juan mandó a sus hijos* **con su madre**

- Aditamento de instrumento

Expresa el instrumento empleado para realizar la acción expresada por el verbo. Es introducido por preposiciones como *con, por, en* (o locuciones prepositivas como *por medio de, con ayuda...*). Su valor semántico no va ligado necesariamente a la función sintáctica de aditamento de instrumento, ya que puede estar ligado a otras funciones sintácticas como la de Sujeto: **El taladro** *agujerea la pared* vs. *Agujereé la pared* **con un taladro.**

- Aditamento de medio

Representa el *canal* o vía a través del cual se realiza la acción expresada por el verbo: *Se comunican* **por computadoras**

- Aditamento de materia

Se refiere a la realidad, material o no, que sirve para elaborar, ocupar, tratar o modificar algo: *Lo pintó* **con tinta china**

- Aditamento de beneficiario

Complemento circunstancial que denota un ser animado que recibe el daño o el provecho de la acción representada por el verbo: *Le lleva un regalo a María* **para su tía**; *Trabajaba* **para un ciego.**

- Complemento Agente

Es un complemento formado por una preposición (*por, de*) + sustantivo (el agente de la acción o proceso). Tradicionalmente las gramáticas lo han estudiado en conexión con el problema de la voz pasiva, pero desde la perspectiva funcionalista de Alarcos, seguida también por estudios más recientes (Marcos Marín y otros, 1998) es considerado como variante semántica del aditamento.

Efectivamente, en la voz pasiva (cuya existencia es discutida desde la perspectiva funcionalista de Alarcos) la función semántica de *agente* es expresada por la función sintáctica de este Complemento Agente, que en realidad es conmutable por un complemento no argumental con características muy similares a las de un aditamento no adverbial. Así, por ejemplo, hay similar marginalidad en los complementos siguientes:

- El delincuente fue condenado a prisión *por un jurado* (¿Complemento agente o aditamento no adverbial?)
- El delincuente fue condenado a prisión *por sus delitos* (Aditamento de causa no adverbial)

Sin dar por definitivamente resuelta la cuestión, cabe decir que desde un punto de vista estrictamente formal y gramatical no parece haber muchas razones para mantener el Complemento Agente como función diferenciada de la de aditamento (complemento circunstancial no adverbial)

No obstante, La NGLE (2009) señala que el complemento agente está vinculado con el participio en la voz pasiva, por lo que, puede completarlo cuando este constituye un modificador nominal: *un libro **editado por Planeta** ha cosechado grandes beneficios; El libro **fue editado por Planeta**.* Es compatible asimismo con adjetivos derivados en *–ble: Los gastos son asumibles **por la empresa*** (la empresa asume los gastos). *Los gastos, **asumibles por la empresa**, ya han sido pagados.*

4.3.5.2. Aditamento (complemento circunstancial) y grado de marginalidad

El grado de marginalidad del complemento circunstancial permite establecer una doble diferenciación entre *aditamentos internos* y *externos*, considerando además:

- su resistencia a la eliminación
- su mayor o menor movilidad posicional
- el hecho de que vayan o no aislados por pausa
- la posibilidad de que dicho aditamento forme con el verbo una secuencia equivalente a una unidad léxica…
- el ámbito de incidencia del complemento verbal
- etc.

El problema es que a pesar de todos estos condicionantes existen numerosos casos en que resulta difícil determinar el carácter interno o externo del aditamento: Se fue *con su padre.* Si "con su padre" está, en cierto grado, exigido por el verbo (*irse con*) se trataría de un aditamento interno, pero si es considerado como un mero aditamento de compañía (complemento circunstancial no adverbial) sería un aditamento externo. Veamos con más detalle algunas de las características de estos aditamentos.

4.3.5.2.1. Complementos circunstanciales internos

Los complementos circunstanciales internos, por su especial vinculación con la base léxica del verbo, pueden entrar en concurrencia con otras funciones como las de implemento o suplemento. Es el caso de los ejemplos que siguen:

- Adverbios que restringen, precisan o añaden matices relevantes al significado verbal: *vive **bien*** (no es lo mismo "vivir" que "vivir bien")
- Complementos de medida, duración, peso, precio: *la maleta pesa cien kilos* (a pesar de las dudas que pueda haber sobre la función de este complemento cuantitativo, ya hemos precisado en 4.3.1.4. que se trata de un implemento)
- Complementos regidos que se asocian a una circunstancia y que podrían ser considerados como aditamentos internos: *vive **en casa**, sale **de paseo**, recurre **al juez**.* El estatuto funcional de estos complementos está muy próximo al del suplemento o, en su caso al del suplemento inherente

Por otra parte, una cuestión que contribuye a dificultar la identificación de estos complementos como aditamentos internos es que unos parecen más "necesarios" (*Juan va **a su casa***) y otros más facultativos (*Juan trabaja **en una oficina***). Al respecto, un posible criterio de identificación como aditamento interno o como suplemento para este tipo de funciones es considerar el carácter semántico +/-vacío de la preposición: si es una preposición vacía estaremos ante un suplemento (¿inherente?), y si la preposición conserva su valor semántico pleno se tatará de un aditamento (interno). Hay que prestar atención, no obstante, a algunos usos metafóricos que dificultan la identificación funcional de estos complementos (¿aditamentos internos o suplementos?): *huir **de un peligro***

4.3.5.2.2. Complementos circunstanciales externos

Frente a los aditamentos internos, los aditamentos externos son completamente marginales: complementos de tiempo y lugar, causales, finales, instrumentales, de compañía, cláusulas absolutas, etc.

Pueden manifestar, no obstante, pese a esa marginalidad funcional, diferentes tipos de incidencia:

- Sobre el sujeto: *Nosotros, **entre tú y yo**, lo haremos*
- Sobre el verbo: *Lo suspendieron **injustamente***
- Sobre el CD: *Lo hirieron **dolorosamente***

4.3.6. Complementos periféricos

Al mostrar el cuadro de funciones sintácticas asociadas al predicado de oraciones simples de predicado verbal predicaticas, al inicio de este epígrafe 4.3., indicábamos la existencia de los denominados *complementos periféricos,* de los que avanzábamos que no son auténticos complementos verbales, sino más bien "oracionales": ***Afortunadamente**, no tuve que echar mano de mis ahorros.*

Dentro de este grupo de complementos, modificadores del predicado verbal, pero que se adelantan a una posición periférica, el MNGLE (2020:744) distingue los denominados *adjuntos de marco* o de encuadramiento, esto es, adjuntos temáticos temporales o locativos que introducen un escenario, en el sentido de un conjunto de informaciones espaciotemporales a las que se circunscribe la predicación subsiguiente: ***En Aguirreche, en su cuarta,** la tía Úrsula guardaba libros e ilustraciones con grabados españoles y franceses.*

Alarcos (1994) catalogaba muchos de estos adjuntos como *adyacentes* o *atributos oracionales*, en la idea de que la oración en que aparecen es parafraseable por una estructura atributiva: *Desgraciadamente, no podré ir a tu cumpleaños / Es una desgracia que no pueda ir a tu cumpleaños.* El rasgo más destacable de estos adjuntos (complementos periféricos) es que la relación de estos circunstanciales se establece con todo el resto de la oración.

Por su parte, entre estos complementos periféricos la NGLE (2009) distingue:

- **adjuntos del enunciado,** que expresan normalmente un juicio o un valor del hablante respecto del enunciado en el que aparecen: *Por fortuna, todos llegaron bien*; *Ciertamente, es un campeón*
- **adjuntos de la enunciación,** que modifican el acto mismo de la enunciación: *Sinceramente, no lo hemos visto*
- **tópicos**, que acotan el marco o ámbito, el punto de vista o algún otro rasgo necesario para interpretar adecuadamente el enunciado; están aislados normalmente mediante pausas: *Científicamente, es un objetivo utópico*

CAPÍTULO 5. LA ORACIÓN SIMPLE DE PREDICADO VERBAL ATRIBUTIVA. ANÁLISIS SINTÁCTICO FUNCIONAL

5.1. Introducción

Como hemos avanzado en el Capítulo 2, las *oraciones simples atributivas* se caracterizan por que el núcleo del predicado es un verbo copulativo (*ser, estar, parecer...*) que posee un valor marginal y aporta exclusivamente valores gramaticales (modo, tiempo, número, persona...).

El modelo más frecuente sigue el esquema:

Sujeto – Verbo copulativo – Atributo (Predicado Nominal) [integrable por "lo"]

5.2. Atributo y pronominalización

Cuando se elide, el atributo, al igual que el implemento, se sustituye por un pronombre personal; pero mientras dicho pronombre varía en género y número en el caso del implemento, en el caso del atributo el pronombre es invariable y carece de valores morfemáticos: siempre es **lo**, compatible con cualquier género y cualquier número (Alarcos, 1994: 300): *El chico será pintor > El chico LO será. Los dos hermanos son médicos > Los dos hermanos LO son.*

En cambio, cuando el atributo está presente, siempre mantiene concordancia en género y número con el sujeto: ***Estas calas** son **preciosas**.*

5.3. Clases de oraciones simples atributivas

Según las características estructurales o semánticas de las oraciones simples atributivas cabe diferenciar varios tipos:

- *Atributivas* propiamente dichas. El sentido de la construcción representa una relación de *inclusión* entre sujeto y atributo, donde sujeto ⊂ atributo, como en *Daniel es feo* (en el conjunto de feos posibles, Daniel es uno de ellos, es decir, está incluido en dicho conjunto)

- *Ecuativas*. El sentido de la construcción representa una relación de *identidad*, de modo que el orden de los elementos (sujeto y atributo) cambia también la función respectiva de cada uno de ellos: *María es la maestra* (atributo) *vs. La maestra es María* (atributo)

- Otras construcciones de verbo copulativo no estrictamente atributivas:
  - *Construcciones especificativas.* Un SN introducido por preposición se une mediante verbo copulativo a una cláusula

introducida por la misma preposición + pronombre relativo: *Por tu padre es por quien hago esto.* En estos casos se produce una doble especificación: *semántica* (el primer sintagma especifica el valor léxico del relativo del segundo miembro) y *sintáctica* (el sintagma cuyo núcleo es el relativo tiene una función sintáctica dentro de la oración de la que forma parte)

o *Procedimientos de énfasis.* Construcciones enfáticas introducidas por **si** (*ecuandicionales*); en estos casos, se da prominencia al complemento posterior al verbo copulativo (mecanismo pragmático): *Si estudio es para conseguir un buen trabajo*

5.4. La función atributo: sus categorías gramaticales

La función *atributo* puede ser cubierta por diferentes categorías gramaticales o sintácticas:

- Sustantivo (*Juan es médico*)
- Pronombre (*Mi libro es este*)
- Adjetivo (*Jesús es alto*)
- Participio (*Estoy muy cansado*)
- Infinitivo (*Mi mayor ilusión es ir al cine*)
- Algunos adverbios (*El ejercicio está bien*)
- Sintagma Preposicional (*La casa era de piedra y ladrillo*)
- Gerundio (*Mario está cantando*)
- Oración transpuesta a una categoría gramatical que pueda funcionar como atributo: *El viejo es **como me habías dicho**. El viaje fue **lo que me había imaginado***

5.5. *Ser* y *estar* con o sin atributo

Los verbos habituales de las oraciones atributivas son los verbos copulativos *ser, estar* y *parecer.* Con el verbo *ser* el atributo designa propiedades, permanentes o no; con el verbo *estar* el atributo alude a estados transitorios (vínculo temporal).

Hay, además, usos específicos de *ser* y *estar* compatibles con la función de complemento circunstancial:

- *Estar* (con el sentido de "estar de pie", "estar situado", "encontrarse"): *Está <u>en la oficina</u>* / **Lo está* (aditamento de lugar, atributo locativo); *Está <u>encima de la mesa</u>* / **Lo está* (aditamento de lugar, atributo locativo)*...*
- *Ser* (con el sentido de "suceder", "existir", "producirse"): *La conferencia es <u>en el Aula Magna</u> (*lo es)* (aditamento de lugar)...

5.6. Verbos semicopulativos

A diferencia de los verbos copulativos, los verbos semicopulativos admiten usos como verbos plenos en los que seleccionan argumentos diferentes del atributo, añadiendo un matiz aspectual o modal (NGLE 2009), si bien la presencia de atributo permite considerarlos como verbos "semicopulativos":

- **verbos de cambio:** *hacerse, ponerse, volverse, quedar(se)*
- **verbos de permanencia:** *andar, continuar, permanecer, seguir, mantener(se)*
- **verbos de manifestación** o **presencia de estados:** *encontrarse, hallarse, mostrarse, revelarse, sentirse, verse, aparecer, presentarse*

Según NGLE (2009) estos verbos tienen carácter semicopulativo porque:

- Son verbos desemantizados
- Demandan la presencia del atributo: *Se había puesto..., Se quedó..., Se mostró...,* etc.
- El su caso, el atributo no es un adjunto o predicado secundario sino argumental, obligatorio.

Pero no son copulativos plenamente, y por tanto tampoco configuran estructuras plenamente atributivas porque no siempre admiten la sustitución por el pronombre "lo": *Se quedó satisfecha> *Se lo quedó* (donde "satisfecha" funciona como Predicativo Subjetivo, esto es, como predicación secundaria del sujeto).

BLOQUE 2: LA ORACIÓN COMPUESTA

CAPÍTULO 6. LA ORACIÓN COMPUESTA: DEFINICIÓN Y VARIANTES ESTRUCTURALES

6.1.   Definición de oración compuesta.

6.2.   La oración compuesta desde la perspectiva funcionalista

6.3.   Oración compuesta y oración compleja

6.1. Definición de oración compuesta. Planteamientos tradicionales

Tradicionalmente la oración compuesta se define como reunión o integración de varias oraciones mediante ciertos marcadores o nexos o simplemente mediante pausa en el caso de la *yuxtaposición*. Para la NGLE (2009: § 1.13ñ), frente a la oración simple, que no contiene otras que ocupen ninguno de sus argumentos o modifiquen ninguno de sus componentes, la oración compuesta sí contiene una o varias subordinadas de cualquiera de los tipos reconocidos (sustantiva, adjetiva o adverbial); la consideración de oración compuesta se extiende también a las oraciones formadas por coordinación.

Así pues, se han establecido por lo general, tres variantes de la oración compuesta, representadas por la *yuxtaposición*, la *coordinación* y la *subordinación*, cuyas características propias y relativas no siempre se han considerado desde puntos de vista coincidentes. Las ideas fundamentales de partida en su definición, de acuerdo con algunos postulados tradicionales (Esbozo; Gili Gaya, 1976; A. Alonso y Henríquez Ureña), son:

- en la *coordinación* (y yuxtaposición) se consideran relaciones oracionales diversas, pero no existe fusión entre sus integrantes
- en la *subordinación* se producen:
  a) la *fusión* de los miembros constitutivos
  b) la *dependencia* de alguno/s de ellos, en diverso grado

Particularmente, son relevantes para la diferenciación de oraciones coordinadas y subordinadas los elementos que establecen esos tipos de relaciones sintácticas:

a) En las coordinadas se emplean conjunciones, locuciones conjuntivas y otros elementos que funcionan de forma similar para enlazar las oraciones entre sí; de este modo las oraciones **coordinadas** no desempeñan función alguna, sino que se unen para actuar como un solo grupo

b) En las subordinadas se utilizan conjunciones "subordinantes" o pronombres relativos, elementos ambos que funcionan como transpositores de oración a la función específica de cada oración (sustantiva, adjetiva o adverbial); así pues, las oraciones **subordinadas** se integran como un adyacente de la principal, ejerciendo como adyacente verbal o nominal según qué elemento las introduzca

6.2. La oración compuesta desde la perspectiva funcionalista

García Berrio (1970) plantea la diferencia entre coordinación y subordinación a partir de la oposición entre *exocentrismo* y *endocentrismo*, reinterpretando las relaciones de *constelación*, *determinación* e *interdependencia* formuladas por Hjelmslev, de acuerdo con los tipos oracionales respectivos de *coordinación*, *subordinación* en que una de las cláusulas funcione como miembro de la cláusula principal, y *subordinación* de las adverbiales no circunstanciales. Esta visión ha constituido el punto de partida de distinciones más actuales y perfiladas en lo que atañe a la descripción de las tradicionalmente llamadas oraciones "coordinadas" y "subordinadas". Así, la idea es desarrollada por extenso por G. Rojo (1978) o C. Hernández (1980).

Rojo distingue terminológicamente entre *cláusula* (unidad gramatical integrante de oraciones) y *oración* (unidad de enunciado[24]). El sistema de Rojo se basa en la distinción entre oraciones *monoclausales*, *policlausales* (coordinación u oración compuesta), *cláusulas subordinadas* a una oración, *cláusulas integradas* en una oración y oraciones *bipolares*[25]. César Hernández por su parte mantiene una posición similar, si bien prefiere hablar de *nexus* en vez de *cláusula*, y distingue así entre *nexus* subordinados y adyacentes, y sintagmas, *nexus* u oraciones coordinadas. Entre los nexus subordinados se hallan las diversas variantes funcionales del SN (SN1-sujeto, SN2-OD, Suplemento y Atributo, SN3-OI y SN4-CCirc.), mientras que los nexus adyacentes son los que cubren las funciones de Complemento de un nombre o de un SN (lo que incluye también, en la propuesta de C. Hernández las construcciones comparativas y consecutivas)[26].

---

[24]Aunque a veces el *enunciado* pueda coincidir con una oración gramatical, de sistema, no siempre ocurre así, ya que no necesita que se cumpla en su seno la estructura SN (sujeto) + SV (predicado).

[25] Véanse al respecto los comentarios sobre estas unidades anticipados en el Capítulo 1, apartado 1.3.2.4.).

[26] Al respecto de la propuesta de César Hernández, véanse los comentarios anticipados en el Capítulo 1, apartado 1.3.3. Sobre las construcciones comparativas y consecutivas, la posición que mantenemos aquí se tratará más adelante en el Capítulo 11.

6.3. Oración compuesta y oración compleja

Con las visiones de Rojo o Hernández desaparece la necesidad de seguir manteniendo la distinción entre *oración simple* y *oración compuesta* en el sentido tradicional, ya que las mismas funciones que desempeñan ciertas categorías en el seno de la oración simple (p.e., el SN que funciona como sujeto, complemento directo, complemento indirecto, suplemento, atributo, etc.) son ocupadas también por categorías de jerarquía superior al sintagma (p.e., una *cláusula / nexus* que funciona como sujeto, complemento directo, complemento indirecto, suplemento, atributo, etc.).

Debe desestimarse, en fin, la distinción tradicional entre *oración principal* y *oración subordinada*, aplicada a las denominadas oraciones "compuestas por subordinación"; en rigor, lo que existe en estos casos son, sencillamente, oraciones **complejas** (de acuerdo con Rojo, 1978). La distinción entre oración simple y compleja es, pues, meramente terminológica, ya que en ambos casos, la estructura sintáctica (es decir, las funciones sintácticas analizables) son potencialmente las mismas, si bien ocupadas por categorías de diversa índole.

Ahora bien, aunque la equiparación funcional susodicha resulta bastante evidente entre las cláusulas integradas sustantivas y adverbiales, y las cláusulas subordinadas adjetivas, en el ámbito de la oración "compleja" (en los términos estipulados por Rojo), existen bastantes problemas (por no decir imposibilidad manifiesta) a la hora de identificar unidades lingüísticas que puedan asimilarse en un nivel jerárquico inferior a oraciones subordinadas "adverbiales impropias" (*comparativas, consecutivas, condicionales, concesivas*, etc.). Esto es, no hay sintagmas que funcionen igual que tales oraciones subordinadas "adverbiales impropias", al menos no en el modo en que un adverbio o sintagma adverbial funciona igual que una oración "adverbial propia": *Juan vino ayer / Juan vino cuando le fue posible*.

Nadie duda de la unidad de estas oraciones "adverbiales impropias", pero su organización estructural está abierta a discusión entre los distintos gramáticos: parece difícil equiparar su función con la de complementos circunstanciales al uso (Narbona, 1989).

Frente a las reticencias previas, desde otras posturas también funcionalistas (Alarcos 1994, J. A. Martínez 1994) es perfectamente viable la equiparación de estas oraciones "adverbiales impropias" con aditamentos (complementoos circunstanciales causales, finales, condicionales, etc.), o más estrictamente, sintagmas nominales que mediante un índice preposicional como encabezador, son transpuestos a la función de aditamento. Sobre estas unidades y su problemática descripción trataremos detenidamente en el Capítulo 12.

Así, pues, al margen de la oración simple, se distinguen en el ámbito de la tradicionalmente llamada oración compuesta dos variantes estructurales, la oración *compuesta* en sentido estricto y la oración *compleja*.

CAPÍTULO 7. LA YUXTAPOSICIÓN. PRINCIPIOS Y CONDICIONES DE LA YUXTAPOSICIÓN SINTÁCTICA

7.1. La yuxtaposición desde la gramática tradicional

7.2. La yuxtaposición desde la perspectiva funcionalista

7.3. Las "especies" de yuxtaposición según Alarcos (1994)

7.3.1. Incisos oracionales

7.3.2. Oraciones "distributivas"

7.3.3. Grupos oracionales enlazados por adverbios de referencia anafórica

7.4. La yuxtaposición en la NGLE (2009)

7.1. La yuxtaposición desde la gramática tradicional

Algunas gramáticas tradicionales incluyen la yuxtaposición como variedad dentro de las oraciones coordinadas (*Gramática de la Academia,* 1931 o R. Seco), teniendo en cuenta que pueden llegar a expresar relaciones semánticas análogas, expresadas formalmente de manera diversa: en la yuxtaposición por unión asindética, y en la coordinación (e incluso en la subordinación) mediante nexos específicos (Gili Gaya, 1976, Esbozo, Roca Pons, 1973, C. Hernández, 1971, Alcina y Blecua, 1975 o A. Alonso y Henríquez Ureña, 1971). La particularidad estructural es que las coordinadas están unidas "en serie", pero sin constituir unidad, mientras que las relaciones de subordinación manifiestan una "dependencia" orientada desde la subordinada hacia la subordinante, formando ambas un conjunto oracional único.

Por su parte, para Gili Gaya (1943:271) hay que diferenciar entre oraciones *yuxtapuestas*, oraciones asindéticas que forman un periodo (con relaciones de coordinación o subordinación), y oraciones *independientes*, que no forman periodo. En realidad, en un texto escrito, solo el contexto y la puntuación ayudan a distinguirlas, mientras que en el lenguaje oral, la entonación y la duración más larga de las pausas ayudaría a discernir la unión asindética.

El problema de la caracterización de la oración compuesta comienza ya, pues, con su estructura aparentemente más sencilla, la yuxtaposición, afectada por una seria indefinición teórica, lo que la ha situado por lo general entre coordinación y subordinación, según que la ausencia de conjunción (asíndeton) permita la introducción, sin alteración semántica, de una conjunción coordinativa o de una subordinativa (J.A. Martínez, 1994:39).

7.2. La yuxtaposición desde la perspectiva funcionalista

La postura de G. Rojo constituye una voz disidente ("original", si se quiere) en el conjunto de gramáticos que han considerado el papel de la yuxtaposición, ya que para él esta no debe ser situada en la misma dimensión que coordinación ni subordinación: ambas son relaciones sintácticas que pueden darse con una marca gramatical de su relación (unión *sindética*), mientras que la yuxtaposición se manifiesta relacionalmente sin marca gramatical (unión *asindética*). La posición de Rojo representa una visión sintáctica "inmanentista".

Divergen de tal opinión Alarcos (1994) y J.A. Martínez (1994), ya que para ellos la yuxtaposición no es tan sólo una "unión asindética", sino la reunión de dos o más unidades que desempeñan en conjunto la misma función que cumpliría cada una de ellas aisladamente; su carácter unitario puede comprobarse sintácticamente por la imposibilidad de introducir un coordinador en la sucesión de oraciones no yuxtapuestas. En cambio, cuando la combinación es de yuxtaposición sí es posible introducir dicho coordinador. Véanse así los ejemplos: *Estaban borrachos: ¡tanto habían bebido! / *Estaban borrachos y ¡tanto habían bebido!*, frente a *Pregúnteme; contestaré / Pregúnteme y contestaré*. En el primer caso NO hay yuxtaposición, y SÍ la hay en el segundo.

En esencia, ya Gili Gaya avanzaba esta idea al sugerir que tanto las yuxtapuestas como las coordinadas conforman una unidad superior, una *oración compuesta*, definida en términos intencionales y cuyo carácter unitario se reconoce según criterios psicológicos (también son de esta opinión Alcina y Blecua, 1975:1151-1155).

Otros como Alarcos (1994) consideran suficiente la pertinencia del criterio entonativo para justificar la unidad de las combinaciones oracionales yuxtapuestas: "los rasgos fónicos que distinguen a las unidades yuxtapuestas se reducen al carácter descendente de la entonación en cada una de ellas, que en la ortografía queda señalada por las comas".

7.3. Las "especies" de yuxtaposición según Alarcos (1994)

A los problemas de caracterización de la yuxtaposición en el marco de la oración compuesta, se une la existencia de lo que Alarcos (1994:317) denomina "especies de yuxtaposición".

Se trata de varios fenómenos sintácticos de compleja adscripción: los "incisos" oracionales, las oraciones "distributivas" y los "grupos oracionales" enlazados por *luego* (átono), *conque, pues, por tanto, por consiguiente*, etc.

7.3.1. Incisos oracionales

Para Alarcos (1994) los denominados *incisos* de oraciones como *No confía en vuestra promesa, **te lo aseguro**; Estaba perdida, **pensaba vagamente**; Sospechaba, **me imagino**, que lo despedirían*, suelen corresponder a construcciones yuxtapuestas derivadas de un *modus* y un *dictum* asindéticos, como explicaban Alcina y Blecua (1975: 1151-1155). En todos estos casos, el modus es el portador del comentario o *inciso*. Así pues, el comentario se disocia del *dictum* al ser enfatizado este último y adoptar independencia gramatical, mientras que el *modus* se introduce como inciso; esto se puede comprobar si transformamos la oración en una secuencia de *modus* y *dictum* integrados, como en *Te aseguro que no confía en vuestra promesa*, donde se observa el carácter unitario de la construcción. *Modus* y *dictum* asindéticos constituyen, pues, una estructura sintáctica yuxtapuesta unitaria.

7.3.2. Oraciones "distributivas"

Para Alarcos (1994:317) las oraciones coordinadas distributivas son en realidad grupos oracionales yuxtapuestos, ya que:
  a) carecen de índices explícitos de coordinación
  b) están enlazadas semánticamente por unidades correlativas que no señalan ninguna relación sintáctica y que pertenecen a distintas categorías gramaticales (adjetivos, adverbios, sustantivos…): ***unos** le tenían en mucho; **otros**, en poco; **quién**, por un visionario; **quién** por tonto o algo menos…*

En definitiva, las supuestas oraciones coordinadas distributivas en la mayoría de los casos no están realmente coordinadas, ya que los elementos que aportan el valor distributivo son palabras con función sintáctica o parejas de unidades correlativas que distribuyen semánticamente lo dicho en cada oración y no nexos coordinativos (conjunciones),

7.3.3. Grupos oracionales enlazados por adverbios de referencia anafórica

Por otra parte, la yuxtaposición afecta a determinados "grupos oracionales" (en términos de Alarcos, 1994:322) enlazados por unidades como *luego* (átono), *conque, pues, por tanto, por consiguiente*, etc. asumidos por algunos autores como grupos *yuxtapuestos* entre sí, ya que podrían eliminarse sin que la relación semántica entre oraciones se viese alterada (Alarcos, 1994:322): *Tengo prisa, (así que) no te demores en darme la noticia.*

Para Alarcos este tipo de elementos cumple un papel adverbial de referencia anafórica con respecto a lo expresado en el contexto precedente: se trataría, pues, de una relación de yuxtaposición oracional en ausencia de conjunción coordinante. Como variante de esta opinión Alcina y Blecua (1975:1141) consideran que "se hablará de yuxtaposición cuando en la articulación de enunciados en el discurso o dentro de la oración no hay ni marcativos ni ordenadores léxicos especializados". Algunos ordenadores léxicos especializados son: *mientras, luego, así como,* etc.

En todo caso, al abordar estas unidades nos situamos en los límites de la sintaxis "gramatical", y algunos autores (Briz, 1993a y 1993b) apuntan al funcionamiento de estos elementos como *marcadores discursivos* (o conectores pragmáticos, si se prefiere una terminología más amplia). Ya Gili Gaya había tenido en cuenta la idiosincrasia funcional de tales palabras al considerarlas como "enlaces extraoracionales", en cuyo paradigma incluía algunos de los tradicionalmente llamados nexos copulativos, adversativos o consecutivos, también conocidos por su función como conjunciones *ilativas o continuativas.*

No faltan, sin embargo, opiniones disidentes con las anteriores (incluso con la de Alarcos), como la de J.A. Martínez (1994), quien defiende el carácter coordinado de algunas de estas construcciones, al menos en el caso de las oraciones relacionadas mediante enlaces conjuntivos *consecutivos,* puesto que tales enlaces expresan "lo nombrado por la segunda oración como un efecto, consecuencia (real o establecida por el hablante) o como deducción de lo dicho por la primera oración" (J.A. Martínez, 1994:45).

7.4. La yuxtaposición en la NGLE (2009)

Curiosamente, la NGLE no dedica ningún capítulo ni apartado a la yuxtaposición, aunque reconoce como formas de *yuxtaposición* los casos de coordinación múltiple.

Así, cuando en los casos de coordinación múltiple se omite la conjunción, se produce *asíndeton*, esto es, una forma de yuxtaposición que a menudo deja la enumeración en suspenso. Es un recurso bastante frecuente en la lengua literaria, como en *Acude, corre, vuela, traspasa la alta sierra, ocupa el llano* (León, *Poesía*), pero también se encuentran ejemplos análogos en el habla cotidiana: *Sales por la noche los viernes, los sábados, los domingos…*

CAPÍTULO 8. LA COORDINACIÓN. CONDICIONES PARA LA COORDINACIÓN. TIPOS DE ORACIONES COORDINADAS

8.1. Definición de coordinación

8.2. Clasificación de las oraciones coordinadas

8.3. Oraciones coordinadas copulativas

8.3.1. Caracterización estructural y formal

8.3.2. Peculiaridad semántica de la conjunción "Y"

8.3.3. Nexo inicial "Y" sin valor coordinante copulativo

8. 4. Oraciones coordinadas disyuntivas

8.4.1. Caracterización estructural y formal.

8.4.2. Peculiaridad semántica de la coordinación disyuntiva

8.4.3. Relaciones entre coordinación disyuntiva y "distributiva"

8.5. Oraciones coordinadas adversativas

8.5.1. Caracterización estructural y formal

8.5.1.1. Las adversativas como oraciones bipolares

8.5.1.2. Las adversativas como oraciones coordinadas

8.5.2. Peculiaridad semántica de la coordinación adversativa

8.5.2.1. Coordinación con *pero*

8.5.2.2. Coordinación con *sino*

8.6. Oraciones coordinadas "problemáticas"

8.6.1. Oraciones coordinadas distributivas

8.6.2. Oraciones coordinadas consecutivas (causales): problemas de reconocimiento

8.6.3. Oraciones coordinadas explicativas

8.1. Definición de coordinación

La relación sintáctica de coordinación se define como una asociación entre elementos de igual nivel jerárquico, sin intermediar dependencia alguna, esto es, una relación entre segmentos *equifuncionales*. De acuerdo con NGLE (2009: 2396) "es una operación que consiste en unir dos o más elementos mediante una o más conjunciones sin establecer entre ellos una relación jerárquica".

En este caso nos situamos ante la coordinación de oraciones, de modo que se entiende por lo anterior que tales oraciones, si están efectivamente coordinadas entre sí, deben estar situadas en un nivel jerárquico análogo. Evidentemente, la coordinación no se limita al ámbito oracional, ya que puede ser también sintagmática, y ello se extiende a todos los tipos de coordinación .

A pesar de la aparente claridad en la diferenciación de la coordinación sintáctica existen, sin embargo, algunos problemas de base en la definición de oración compuesta por coordinación:

a) Cuando se habla de **equivalencia sintáctica** (segmentos equifuncionales) entre los miembros oracionales de la coordinación no se especifica en qué consiste dicha igualdad: ¿es categorial o funcional?, ¿la equivalencia incluye el nexo? De hecho, en español, en general, la conjunción coordinante y la segunda oración suelen mantener entre sí una relación más estrecha que con respecto a la primera oración…

b) Aunque la coordinación sea un procedimiento de formación de oraciones que se enlazan entre sí y mantienen, supuestamente, independencia semántica, pueden existir relaciones de **dependencia semántica** en el seno de la coordinación; así por ejemplo en la coordinación copulativa de las oraciones *Trabaja todos los días y obtendrás buenos resultados,* la alteración del orden de las mismas supondría la agramaticalidad del conjunto resultante porque existe una dependencia semántica de la segunda (consecuencia) respecto de la primera (causa): * *Obtendrás buenos resultados y trabaja todos los días.*

c) No queda claro si la relación de coordinación oracional se establece solo mediante la presencia de **conjunciones coordinantes** o si también puede manifestarse mediante *ordenadores léxicos especializados*, en los términos establecidos por Alcina y Blecua (1975: 1160): ¿pueden elementos como *no obstante, sin embargo...* establecer relaciones de coordinación oracional?

d) Otra cuestión problemática en la definición de la coordinación oracional tiene que ver con las **diferentes estructuras** que pueden adquirir las oraciones coordinadas, principalmente dos:

- sucesión de un número indeterminado (teóricamente ilimitado) de oraciones coordinadas (relación de *constelación* en términos de García Berrio 1970), como sería el caso de las copulativas o las disyuntivas

- sucesión de solo dos oraciones coordinadas (relación de *interdependencia* en términos de García Berrio 1970), como sería el caso de las adversativas

En la práctica, dejaremos la definición concreta de cada tipo de oración coordinada para el apartado en que se trate de ese tipo específico (copulativas, disyuntivas, adversativas...)

8.2. Clasificación de oraciones coordinadas

Hemos visto en el apartado 8.1. que, a grandes rasgos, la mayoría de gramáticos asumen que la coordinación oracional es una relación entre oraciones de igual nivel sintáctico, sin intermediar dependencia alguna, pero no todos se ponen de acuerdo a la hora de establecer las clases de oraciones coordinadas.

Así, la gramática tradicional incluía entre las coordinadas las oraciones copulativas, disyuntivas, distributivas y adversativas. Sin embargo, las distributivas son excluidas de las coordinadas por gran parte de gramáticos contemporáneos, y no solo los de corte funcionalista, como es el caso de Marcos Marín (1980) Alcina y Blecua (1975) o Alarcos (1994). De modo específico Kovacci (1990:150-152) y J. A. Martínez (1994) clasifican las oraciones coordinadas en cuatro grupos: copulativas, disyuntivas, adversativas y consecutivas. G. Rojo (1978) por su parte elimina las adversativas de las oraciones policlausales (las coordinadas de la gramática tradicional), y las considera en cambio como una forma de oraciones bipolares.

122

Por su parte, la NGLE (2009: 2396) incorpora un elemento de diferenciación añadido al de la clasificación de las oraciones, ya que dentro de los nexos conjuntivos coordinantes establece dos grupos:

a) *conjunciones coordinantes simples*
- Copulativas: y (y su variante *e*), *ni*
- Disyuntivas: *o* (y su variante *u*), *ni*
- Adversativas: *pero, sino, mas*

b) *conjunciones coordinantes compuestas* (discontinuas o correlativas):
- Copulativas: *ni…ni, tanto …como, tanto …cuanto, así …como*
- Disyuntivas: *o…o* (valor exclusivo)
- Distributivas: *sea…sea, ya…ya, ora …ora, bien…bien*

Visto lo anterior, y considerando también algunas de las observaciones anticipadas en el Capítulo 7 sobre la yuxtaposición oracional podemos plantear un esbozo de clasificación en el conjunto de las oraciones coordinadas. Así, existe un primer grupo de oraciones coordinadas que no suelen ser discutidas por los gramáticos:
- Copulativas
- Disyuntivas
- Adversativas

Hay otro grupo de oraciones, en cambio, cuyo carácter coordinado es discutido entre los expertos:
- Distributivas
- Consecutivas (Causales)
- Explicativas

En los siguientes apartados trataremos de aclarar algunos problemas que subyacen a la caracterización de cada uno de estos tipos oracionales.

8.3. Oraciones coordinadas copulativas

En general, en la coordinación oracional copulativa la forma prototípica implica que el nexo copulativo representa, principalmente, un mero valor aditivo. Asimismo, tienen un lugar destacado en su descripción dos aspectos:

a) cuáles son los nexos coordinadores copulativos

b) el orden de los elementos coordinados (con frecuencia se puede invertir)

8.3.1. Caracterización estructural y formal

Las conjunciones coordinantes copulativas son *y* (*e*), *ni* y, ocasionalmente, *que* (*Juan está siempre dale **que** dale al tambor*).

Al margen del paradigma conjuntivo existen algunas cuestiones formales y estructurales que conviene considerar en relación con la coordinación copulativa:

- La peculiaridad de la conjunción "ni" radica en que exige la presencia de un activador negativo previo para poder ser empleada: *No vinieron a la fiesta **ni** pidieron excusas por ello*. También puede darse la repetición de este nexo en correlación, con valor muchas veces enfático-expresivo, en cuyo caso el primer elemento oracional suele ser también "ni": ***Ni** me importan tus patrañas **ni** tengo intención de preguntarte por nada.*

- Si en una enumeración se repite la conjunción copulativa, se hablará de *polisíndeton*. Se emplea como recurso enfático para dar más energía a la expresión: *En cambio tiene ríos, limpios ríos caudalosos, y montañas y nevados y volcanes y garzas blancas y cóndores y un águila real que tiende el vuelo* (Vallejo). En ocasiones, para remarcar el carácter expresivo de la construcción, a la conjunción copulativa le acompaña algún adverbio o partícula enfática: *Marta trabaja en una oficina, cuida niños e incluso estudia idiomas*

8.3.2. Peculiaridad semántica de la conjunción "Y"

Aparentemente la conjunción copulativa *y* puede ser portadora de significaciones distintas de la simple adición o suma, favoreciendo valores semánticos consecutivos, adversativos, condicionales, etc. (Kovacci, 1992:235-236):

- *Llueve y no lleva paraguas* (adversativo)
- *Está ya escrito y no puedo volverme atrás* (consecutivo)
- *Divide y vencerás* (condicional)

124

En todo caso, tales valores semánticos no vienen dados por la conjunción, sino que se derivan de la relación semántica entre las oraciones coordinadas, o bien de las redes léxicas y referenciales entre los miembros oracionales coordinados. No se trata, pues, de valores semánticos específicos de la conjunción "y", sino de sentidos contextuales vinculados a cada caso.

8.3.3. Nexo inicial "Y" sin valor coordinante copulativo

Al comienzo de una oración o párrafo, la conjunción "y" tiene un valor de enlace extraoracional con lo dicho anteriormente; se comporta así como elemento de conexión que relaciona ideas a nivel textual:

La mujer enarcó las cejas y le comentó:

- *"No me creo sus palabras".*

Y el hombre dijo:

- *"Me crea o no, ha ocurrido así"*

También puede funcionar como *marcador discursivo* de comienzo absoluto; en este caso, la conjunción "y" puede usarse para abrir discursos o iniciar réplicas. Pierde entonces su valor de enlace o nexo y sirve, según la ocasión, para expresar distintos matices expresivos: reticencia, desprecio, ironía, sorpresa…:

- *¡Y qué me importa lo que él diga!*
- *¿Y tú, qué haces hay?*

A los anteriores valores no conjuntivos se añaden otros posibles:

a) Valor enfático y conclusivo. La conjunción "y" introduce expresiones lexicalizadas de valor enfático y conclusivo: *y punto, y basta, y pare usted de contar, y se acabó, y asunto concluido / terminado / zanjado / liquidado / resuelto, y ya, y sanseacabó...*

b) Expresiones coloquiales con "y". Al inicio de construcciones de tipo coloquial:

- *¿Y a mí qué?*: expresa indiferencia ante lo que otra persona nos dice
- *¿Y entonces?*: se usa para pedir a alguien a que continúe el relato
- *¿Y eso?*: se emplea para pedir una explicación de algo que nos sorprende

- *¿Y qué?*: formula una pregunta o duda cuando alguien no ha entendido lo que otra persona le ha dicho; otras veces expresa indiferencia ante lo dicho por otro
- *¿Y si...?*: expresión interrogativa que encabeza una oración en la que se propone una actividad (*¿Y si nos vamos a la playa?*)
- *Y tú, ¿por qué...?*: se usa para expresar un reproche o una crítica
- *Y eso que...*: locución conjuntiva de tipo concesivo (equivale a "aunque")
- *Y mira que...*: expresión ponderativa que tiene también valor concesivo

c) Valor adverbial. La conjunción "y" adquiere un valor adverbial y se hace tónica cuando encabeza enunciados interrogativos. En estos casos, "y" tiene un significado equivalente a "dónde", "cómo", "qué hay de", "qué tal": *¿Y Laura?* [= ¿Dónde está Laura? o ¿Cómo está Laura?]

8.4. Oraciones coordinadas disyuntivas

8.4.1. Caracterización estructural y formal.

La coordinación disyuntiva, al igual que la copulativa, admite varias oraciones integrantes. El nexo coordinante que se emplea es *o* (*u*).

8.4.2. Peculiaridad semántica de la coordinación disyuntiva

La coordinación disyuntiva, al margen de su valor semántico central (de exclusión) puede manifestar otros valores semánticos diversos a partir de ese valor fundamental. En general, pues, existen diversos matices semánticos que pueden expresarse formalmente a través de la coordinación disyuntiva (Alcina y Blecua, 1975: 1170, Camacho, 1990, Jiménez Juliá, 1986, Fukasawa, 1985):

- Disyunción dilemática o exclusiva (también la disyuntiva discontinua del tipo *o A o B*): *Hablemos de otro asunto o demos por terminada esta conversación.* Las disyuntivas discontinuas pueden tener un valor exclusivo o distributivo: si el enlace se establece por medio de repetición de una misma palabra pueden manifestarse un contenido de exclusión (*Llámeme o a las cuatro o a las cinco*).

- Disyunción con valor aproximativo: *Mi pueblo está a cuatro o cinco kilómetros de aquí*

- Disyunción de equivalencia o explicativa: *El conejo y la cobaya o conejillo de indias son dos mamíferos muy prolíficos*

- Disyunción con valor copulativo (inclusiva o alternativa): *Quiero pasear o correr por el parque*

8.4.3. Relaciones entre coordinación disyuntiva y "distributiva"

En determinados contextos las conjunciones denominadas "disyuntivas" no plasman relación disyuntiva alguna, sino que, como aclara Gili Gaya (1976:280), llegan a configurar una relación *distributiva*: *Come o bebe lo que quieras.*

A la recíproca, cuando el enlace se establece por medio de la repetición de una misma palabra, la relación no es siempre distributiva, sino que puede manifestarse un contenido de exclusión (una de las oraciones excluye a las demás): *Le dieron el premio bien por su inteligencia, bien por su don de gentes.*

De este modo la parataxis distributiva parece situarse semánticamente como transición entre las coordinadas copulativas y las disyuntivas. De hecho, como ya hemos visto en 7.3.2., la descripción de las coordinadas distributivas plantea problemas de coherencia explicativa en la oración compuesta: aunque es cierto que estas oraciones proporcionan un sentido distributivo, en la mayoría de casos no son coordinadas, ya que los elementos que aportan el valor distributivo son palabras con función sintáctica o bien parejas de unidades correlativas que distribuyen semánticamente lo dicho en cada oración, y no nexos coordinativos (esto es, no son conjunciones), por lo que habríamos de considerarlas más bien como estructuras yuxtapuestas (J.A Martínez, 1994:39; Marcos Marín y otros, 1998:390).

8.5. Oraciones coordinadas adversativas
Tradicionalmente cuando se habla de coordinación adversativa se considera una forma de coordinación oracional que emplea como marca sintáctica de la relación la conjunción *pero* (o *sino*, según los casos) y *mas*.

Sin embargo, fuera de las consideraciones formales de elección de la conjunción coordinante, la verdad es que la descripción de este tipo de oraciones coordinadas encierra cierta controversia.

8.5.1. Caracterización estructural y formal

Un problema de base es determinar si las adversativas constituyen realmente una forma de coordinación oracional. Hay varias opiniones al respecto entre los expertos:

- Algunos las sitúan entre las construcciones endocéntricas (hipotaxis o subordinación) antes que entre las exocéntricas (parataxis o coordinación), al entender que están emparentadas con las oraciones *concesivas* (A. Vera, 1981, E. Ramón Trives, 1982)

- Existe también la opinión de quienes prefieren postular un tipo de relación específica diferente de la coordinación y de la subordinación, por lo que proponen hablar de "interordinación" (o bipolaridad); esta es la propuesta funcionalista de Rojo (1978), Rojo (1983) o Rojo y Jiménez Juliá (1989)

- Hay finalmente quienes no hallan obstáculos para seguir manteniendo la etiqueta tradicional de "coordinadas adversativas" (Alarcos, 1994; J.A. Martínez, 1994 o J. Martínez Álvarez, 1983)

En la práctica, la mencionada controversia ha quedado reducida a las dos últimas opciones, esto es, a la consideración de las adversativas como bipolares o como coordinadas, quedando fuera de discusión la visión de estas como estructuras hipotácticas. Veámoslo con más detalle a continuación.

8.5.1.1. Las adversativas como oraciones bipolares

Esta opinión, defendida fundamentalmente por Rojo, ya había sido anticipada por algunos gramáticos más tradicionales como Gili Gaya, quien acepta un tipo de coordinación adversativa con el nexo *aunque* en oraciones como *Vive en Andalucía, aunque no sé en qué ciudad*. Implícitamente, pues, en este tipo de construcciones Gili Gaya admitía una asimilación entre las adverbiales "impropias" concesivas y las coordinadas adversativas, considerando incluso la conmutabilidad de las marcas gramaticales *aunque/pero*: *Vive en Andalucía, pero/aunque no sé en qué ciudad.*

Rojo (1978) apunta diferentes argumentos para defender su visión de las adversativas como oraciones bipolares asimilables al resto de interordinadas bipolares (o adverbiales "impropias" de la gramática tradicional):

a) Las adversativas contraponen dos hechos, lo que supone una relación sintáctica más estrecha que la mera coordinación: *El Gobierno devaluó la moneda y la Bolsa lo reflejó inmediatamente* vs. *El Gobierno devaluó la moneda, pero la Bolsa lo reflejó inmediatamente.*

b) Las coordinadas copulativas y disyuntivas pueden ampliarse indefinidamente, mientras que las adversativas se reducen exclusivamente a dos miembros, como ocurre con el resto de oraciones bipolares

c) Los dos elementos relacionados en las adversativas adquieren sentido solo si se considera uno en relación con el otro, lo que demuestra su relación semántica de interdependencia

d) Por su valor semántico, las oraciones adversativas están próximas a las condicionales y concesivas. Así, *aunque* puede tener, según el contexto un doble valor concesivo o adversativo: *El Gobierno devaluó la moneda, pero las importaciones no han disminuido. El Gobierno ha devaluado la moneda, aunque las importaciones no han disminuido*

e) Históricamente, la conjunción adversativa exclusiva *sino* está relacionada con las condicionales de condicionante negativo, esto es, con una clase de oraciones bipolares, las condicionales

8.5.1.2. Las adversativas como oraciones coordinadas

Desde posiciones funcionalistas más "ortodoxas" que la de Rojo, autores como Alarcos (1994), J.A. Martínez (1994) o J. Martínez Álvarez (1983) defienden el carácter coordinado de las adversativas atendiendo fundamentalmente a la peculiaridad de su marca estructural, esto es, a la presencia de una conjunción coordinante adversativa. Existen además algunos factores que decantan, en opinión de estos autores, el encaje de las adversativas en el marco de la coordinación oracional:

a) como ocurre en los demás casos de coordinación oracional, cada una de las oraciones adversativas puede funcionar independientemente como enunciado único

b) al suprimir *pero* desaparece cualquier relación sintáctica entre las dos oraciones

c) la oración iniciada con *pero* puede mostrarse sin que aparezca la primera coordinada, lo que diferencia claramente las formas *pero* y *aunque*: *Pero ¿qué dice este tío?/ *Aunque ¿qué dice este tío?*

d) desde el punto de vista prosódico en el periodo adversativo la primera oración termina generalmente en semicadencia (descenso tonal moderado); en cambio, en cualquier forma de relación oracional bipolar se articula habitualmente una anticadencia (ascenso tonal) al final del primer miembro

e) la forma *pero* de las adversativas, como conector, puede ser sustituido por *y*, lo que resulta imposible en el caso de las oraciones bipolares concesivas

f) las oraciones adversativas no admiten permutación en el orden de los miembros coordinados; en cambio, la conmutabilidad del orden es habitual en el caso de las bipolares concesivas: *Es listo, pero vago; Es listo, aunque vago; *Pero vago, es listo; Aunque es vago, es listo.*

g) en consecuencia, la aparente similitud funcional entre *pero/aunque* como marcas de bipolaridad sería, en todo caso, una cuestión de afinidad *semántica*, pero no *sintáctica*

En definitiva, parece razonable mantener la etiqueta de "oraciones coordinadas adversativas", porque la consideración semántica unitaria de sus dos elementos integrantes (argumento esgrimido por los defensores de la idea de bipolaridad) no representa un criterio sintáctico formal e inmanente; de hecho, apelando a esta unidad lógico-semántica tampoco podrían ser consideradas como coordinadas copulativas oraciones como *Estudiaba y no aprobaba*, donde hay una relación semántica de interdependencia materializada en una idea de oposición de contenidos: ¿diríamos acaso que la oración previa es bipolar?

8.5.2. Peculiaridad semántica de la coordinación adversativa

De acuerdo con la NGLE (2009) la coordinación adversativa expresa contraposición u oposición de ideas. Identifica como adversativas las conjunciones *pero, mas* y *sino.*

La tradición gramatical y la NGLE (2009) distinguen así entre coordinadas **adversativas restrictivas** (con *pero, mas*): *Hemos ido al museo, pero hemos visitado pocas salas;* y coordinadas a**dversativas exclusivas** (con *sino*): *No pasaré por tu casa, sino que nos veremos en la cafetería.*

8.5.2.1. Coordinación con *pero* (*mas*)

En la construcción restrictiva los términos aparecen como coexistentes, contrapuestos, y con la idea principal de mayor relieve en el segundo miembro coordinado.

A partir de este valor central, es posible derivar diversos valores según el matiz que se exprese a través de la adversatividad (Alcina y Blecua, 1975:1175-1177):

a) Adversativas *modificativas*. El miembro introducido por *pero* matiza y precisa el miembro primario añadiendo nuevos detalles: *Se decía que Dª Águeda había muerto, pero no se hallaba confirmada la noticia*

b) Adversativas *de contraste*. El miembro introducido por *pero* se valora por comparación con el término primario: *La industria pide agua corriente pero a la poesía le basta la que está quieta*

c) Adversativas *inversas*. Se aproximan al sentido de la concesiva con *aunque*, ya que el miembro primario introduce la reserva que permite entender la enunciación adversativa: *Yo no le conozco, pero él ha querido expresarme sus simpatías*

d) Adversativas *rectificativas*. En estos casos, usos arcaizantes, la forma *pero* se emplea en lugar de *sino*: *Un desdichado no solo no halla agua en el mar, pero ni tierra en la tierra*

e) Adversativas *de relieve* o *intensificativas*. El uso de *pero* da relieve al miembro que introduce: *Amemos la tradición, pero en su esencia*

Finalmente, como ocurría con la conjunción coordinante *y*, *pero* puede aparecer a comienzo del discurso, funcionando así como conector discursivo (establece una relación con la situación previa) y expresando generalmente un valor enfático: *Pero ¿qué me estás diciendo?*

8.5.2.2. Coordinación con *sino*

Alcina y Blecua (1975:1180) distinguen tres valores fundamentales que justifican el uso de esta forma conjuntiva:

a) **Sustitutivo**. Se niega el primer miembro para que cobre mayor fuerza el miembro introducido por *sino*: *No se paró en buscar el motivo, sino que corrió en busca del conde*

b) **Aditivo**. Viene precedido de los adverbios *solo* o *únicamente*, puede ir reforzado por *también*. Su valor en este caso no es propiamente adversativo, sino copulativo (*no solo... sino también; no solo... sino además*)

c) **Exceptivo**. Introduce un elemento que representa una restricción o excepción respecto a lo dicho en el miembro a que se refiere: *Todas escuchaban, sino su señora que se quedó dormida*. Se trata de un uso arcaizante y literario, donde *sino = excepto*

8.6. Oraciones coordinadas "problemáticas".

Como hemos visto en 8.2. dentro de las oraciones coordinadas que se describen en la gramática tradicional existe un grupo de oraciones cuyo carácter coordinado resulta controvertido entre los estudiosos. Se trata de las Coordinadas Distributivas, las Consecutivas (Causales) y las Explicativas.

8.6.1. Oraciones coordinadas distributivas

Como ya se ha explicado en 7.3.2. para Alarcos (1994:317) las oraciones coordinadas distributivas son en realidad grupos oracionales yuxtapuestos, ya que carecen de índices gramaticales explícitos de coordinación y están enlazadas semánticamente por unidades correlativas que no apuntan a ninguna relación sintáctica de carácter oracional; además, dichas unidades correlativas pertenecen a categorías gramaticales establecidas (adjetivos, adverbios, sustantivos...) que desempeñan una función en el seno de la oración en que se hallan: ***Unos*** *vienen pronto;* ***otros*** *llegan con retraso.* En definitiva, en la mayor parte de casos, los elementos que aportan el valor distributivo son palabras con función sintáctica o parejas de unidades correlativas que distribuyen semánticamente lo dicho en cada oración y no nexos coordinativos (conjunciones).

Para la NGLE (2009) las conjunciones compuestas disyuntivas son las consideradas tradicionalmente como *distributivas*. Así, la coordinación distributiva presenta los elementos coordinados como alternativas que se suceden según ciertas circunstancias. Pueden entenderse, pues, como distributivas las conjunciones correlativas *ya… ya…; ora…ora…; bien… bien…*: *Estas acumulaciones se disponen **bien** sobre repisas, **bien** dentro de encajonamientos (*Fernández Chiti, *Estética)*

Por otro lado, como vestigio de su etimología verbal, la conjunción discontinua *sea… sea…* puede dar lugar a variantes en coaparición con los adverbios *bien* y *ya.* Se considera por ello que con *bien sea* o *ya sea* se pueden conformar locuciones conjuntivas distributivas discontinuas o correlativas: *El cultivo se hace **ya sea** en macetas, **ya sea** en plena tierra.*

Las expresiones correlativas, en fin, pueden conformarse también con estructuras no coordinadas como el interrogativo *quién* (quién… quién…); el interrogativo *cuándo* (cuándo… cuándo…), o los indefinidos *uno* y *otro* (unos… otros…). Como ya hemos avanzado previamente, estos casos, evidentemente, no deben considerarse como ejemplos de coordinación distributiva, sino de yuxtaposición (véase Alarcos 1994).

8.6.2. Oraciones coordinadas consecutivas (causales): problemas de reconocimiento

Se incluyen en este tipo de oraciones coordinadas las llamadas *ilativas* (o *continuativas*) según la Gramática Tradicional, cuyos enlaces son *que, pues, conque* (continuativos) y *conque, luego, pues* (ilativos). La cuestión es determinar si estos elementos:

- son auténticos coordinadores (conjunciones causales/consecutivas)
- son conjunciones "subordinantes"
- son adverbios de referencia anafórica en estructuras yuxtapuestas

- son signos que expresan conexiones que van más allá de la oración (enlaces extraoracionales)

En realidad, este tipo de oraciones pueden mantener afinidad estructural con las *oraciones coordinadas*, dada la afinidad distribucional de su nexo con las conjunciones coordinantes:

a) Unidades como *luego, conque*, etc. son parcialmente átonas y se sitúan siempre entre elementos coordinados, esto es, son unidades "rigurosamente interpuestas" entre dichos elementos; así pues, son agramaticales secuencias como: **Conque estudia mucho, tienes complicado aprobar el examen*

b) Enlazan elementos del mismo nivel sintáctico: *Has tardado demasiado, (así que) se han marchado*

c) Pueden preceder a una oración cuyo núcleo verbal va en imperativo, característica gramatical típica de la coordinación: *Me has defraudado, (así que) olvídame*

También puede ocurrir que mantengan afinidad funcional con estructuras *yuxtapuestas*, en cuyo caso el sentido sugerido por estas unidades suele ser ilativo, consecutivo, continuativo, etc. pero viene dado más bien por los contenidos sucesivos de cada oración, de modo que los enlaces no son imprescindibles para manifestar el valor semántico: *Tengo prisa, conque no te demores en darme la noticia / Tengo prisa; no te demores en darme la noticia.*

Estas estructuras pueden, finalmente resultar afines con los denominados enlaces extraoracionales. En tales casos, los nexos empleados son capaces de enlazar más allá de la oración cuando, p.e., hacen mención a lo dicho previamente no en una oración sino en una sucesión de oraciones (p.e., un párrafo). Este sería el caso de *sin embargo, no obstante...*, encabezando una objeción a una serie de ideas previas expuestas en párrafos precedentes.

Por otra parte, no solo enlazan enunciados (en el nivel textual), sino que también establecen conexiones en el nivel de la enunciación (entre emisor y receptor), p. e., cuando se emplean encabezando una intervención: *¡Conque esas tenemos!*

Por su parte, para la NGLE (2009:3514), estos nexos pueden establecer una relación de subordinación (de dependencia) y están emparentados con las causales explicativas: *Cuando nos levantamos estaba nevando, **así que aplazamos el viaje*** (oración ilativa); *Aplazamos el viaje, **ya que cuando nos levantamos estaba nevando*** (causal explicativa).

En definitiva, las denominadas *conjunciones consecutivas* (o las *causales*) configuran un conjunto heterogéneo de unidades, con elementos cuyo comportamiento distribucional se aproxima ocasionalmente al de las conjunciones coordinantes, pero pueden establecer también conexiones a nivel textual o supraoracional, lo que explica la tradicional indecisión de las gramáticas a la hora de clasificarlas.

8.6.3. Oraciones coordinadas explicativas

En las denominadas cordinadas explicativas la segunda oración explica o aclara el significado de la primera o, simplemente la repite de distinta forma. Los nexos son en estos casos *o sea, es decir, esto es…*

Aparecen recogidas en numerosos manuales, si bien muchos gramáticos excluyen su estudio del concepto de oraciones coordinadas. En la actualidad se sugiere de hecho que se trata de una relación de índole discursiva más que sintáctica.

CAPÍTULO 9. LA SUBORDINACIÓN. PERSPECTIVA FUNCIONALISTA Y TRANSPOSICIÓN SINTÁCTICA

9.1. Concepto de subordinación: problemas y alternativas

9.2. Clasificación de las oraciones "subordinadas"

9.1. Concepto de subordinación: problemas y alternativas

La tradición gramatical habla de oraciones *compuestas por subordinación* para referirse a construcciones en que una oración *principal* "convierte en elementos sintácticos propios a las oraciones subordinadas, las cuales funcionan entonces como sujeto, atributo, complemento, etc." (Gili Gaya, 1976, §204). Consecuentemente, *oración subordinada* será aquella que "se halla incorporada a la principal, y guarda con ella la misma relación que guardan con el verbo los elementos sintácticos de la oración simple" (Gili Gaya, 1976, §216).

Hay que advertir, sin embargo, la contradicción que supone hablar de oraciones "subordinadas", puesto que las secuencias en las que aparecen las tradicionalmente llamadas subordinadas sustantivas, adjetivas y muchas de las adverbiales constituyen al nivel más alto una única oración (Rojo, 1978:75). Ya se ha avanzado en 6.3. la conveniencia de hablar de "cláusulas" o simplemente de oraciones transpuestas, en lugar de oraciones "subordinadas" para hacer referencia a este tipo de unidades "dependientes".

¿Por qué el entrecomillado "dependientes"? En ello radica una seria contradicción de la gramática tradicional al describir la subordinación. Según el criterio de dependencia se diría que las subordinadas dependen semánticamente de sus respectivas principales, esto es, carecen de sentido completo, frente a las principales que sí lo poseen. Tal argumento cae por su propio peso, como advierten muchos autores (M.A. Álvarez, 1987:124), ya que lo importante para poder admitir o no el sentido completo de una secuencia es, sencillamente, que se utilice anclada en un contexto, por lo que cualquier "subordinada" puede resultar perfectamente autosemántica convenientemente asignada a un contexto lingüístico de uso.

Por otra parte, hablar de oraciones "principales" porque posean sentido completo no siempre es un recurso idóneo, como se demuestra en determinadas relaciones de subordinación donde no parece evidente la autosuficiencia semántica de la "principal"; p.e. en una sustantiva de OD como *Juan dijo **que vendría***, **Juan dijo* resultaría ser una secuencia incoherente sin su argumento *que vendría*.

9.2. Clasificación de las oraciones "subordinadas"

Una cuestión importante en la descripción de la subordinación es hasta dónde puede aceptarse el criterio de *transposición* sintáctica propugnado por el funcionalismo de Alarcos y sus seguidores (J.A. Martínez, 1994; Álvarez Martínez, 1987; J. Martínez Álvarez, 1985 o en cierto modo C. Hernández, 1984; etc.), como criterio explicativo de estas relaciones oracionales de "dependencia".

Así, del mismo modo que en la oración simple (como ya hemos visto) se manifiestan diversas funciones sintagmáticas, según su nivel de proximidad estructural al verbo (sujeto, complementos argumentales, complementos circunstanciales o complementos periféricos), también puede haber oraciones transpuestas a la categoría de sustantivo o adverbio, que desempeñen cualquiera de dichas funciones (complemento del verbo principal, complemento del conjunto verbo + argumentos o complemento periférico de la oración), u oraciones transpuestas a la categoría de adjetivo que funcionen como adyacentes de un sustantivo.

Son indudables las ventajas de un modelo como este, ya que simplemente a través de la transposición oracional es posible explicar gran parte de la diversidad de las tradicionales "subordinadas"; sin embargo, también hay posibles inconvenientes teóricos cuando la construcción oracional supuestamente transpuesta no posee un paralelo léxico con el que equipararse. Un intento de subsanar estas lagunas explicativas es la bipolaridad defendida por el funcionalismo de G. Rojo (donde quedarían agrupadas las tradicionales adverbiales "impropias").

En todo caso, ya desde las propuestas tradicionales, las incongruencias o la falta de homogeneidad clasificatoria han estado continuamente presentes en el ámbito de la "subordinación" oracional (Devís, 1994). A ello obedecen las diferentes clasificaciones propuestas:

- subordinadas sustantivas / adjetivas / adverbiales (Benot, 1921; Lenz, 1925; R. Seco, 1980; RAE, 1931; Gili Gaya, 1981; Kovacci, 1965;

Stockwell, Bowen y Martin, 1965; Martínez Amador; García Berrio, Marcos Marín, 1980; M. Seco, 1972; etc.)

- subordinadas sustantivas / adjetivas / circunstanciales (Pottier, 1971; RAE, 1973; etc.)
- subordinadas / inordinadas (A. Alonso y Henríquez Ureña, 1975); esta última dicotomía anticipa teóricamente la propuesta de Rojo (1978) entre cláusulas subordinadas (adjetivas) / integradas (sustantivas y adverbiales propias) / bipolares (adverbiales impropias y adversativas), ya que las cláusulas subordinadas e integradas de Rojo se corresponden con las oraciones subordinadas de A. Alonso y Henríquez Ureña, y las oraciones inordinadas de A. Alonso y Henríquez Ureña se corresponden con las bipolares de Rojo

A las diferentes clasificaciones subyacen otros problemas diversos:

- el hecho de que las oraciones de relativo no siempre sean *adjetivas: **El que vino ayer** no es mi hermano*
- el hecho de que no haya acuerdo sobre el carácter sustantivo o adverbial de las causales o finales
- es contradictorio seguir llamando adverbiales (aunque se las llame "impropias") a secuencias no conmutables léxicamente por un adverbio
- el problema de la adscripción de las oraciones "comparativas" y "consecutivas": ¿coordinadas, adjetivas de relativo, adverbiales impropias, bipolares...?
- etc.

En definitiva, se trata de intentar explicar por qué el problema de la "subordinación" persiste como cuestión abierta en la sintaxis del español. En todo caso, en la descripción de cada tipo de "subordinación" en los capítulos que siguen se tratará de presentar una descripción coherente del sistema de oraciones "subordinadas" o complejas en español.

CAPÍTULO 10. ORACIONES "SUBORDINADAS" SUSTANTIVAS

10.1. Definición

Las llamadas tradicionalmente subordinadas sustantivas constituyen un conjunto de oraciones transpuestas que con su transpositor cumplen una función oracional, coincidente con cualquiera de las que pueda desempeñar un sustantivo, de ahí su denominación (Alarcos, 1994:324; J.A. Martínez, 1994:47-68). En otros términos, se trata de cláusulas dependientes, incrustadas o insertas en una oración compleja, que realizan una función primaria respecto a otra cláusula (G. Rojo, 1978). Hay que advertir que desde una perspectiva funcionalista, fundada en la teoría de la transposición sintáctica, no importa tanto a qué categoría se adscriban las oraciones como la función específica que estas desempeñen; así, independientemente de su naturaleza sustantiva o adjetiva, dos oraciones distintas pueden desempeñar una misma función; p.e. la función de sujeto puede ser desempeñada por una oración sustantiva o por una "adjetiva" sustantivada) [J.A. Martínez, 1994].

10.2. Marcas y medios estructurales de las oraciones sustantivas

10.2.1. Transpositores más frecuentes

Una vez definida la oración sustantiva hay que especificar los medios estructurales que posibilitan la configuración de esta construcción oracional. Los procedimientos más habituales son los que siguen:

- Transpositor QUE 1 (Alarcos), o conjunción completiva (Gramática Tradicional), que representa la forma más prototípica
- Transpositor SI (no condicional), que además de sustantivar la frase presenta su contenido como algo ignorado o que plantea dudas (J.A. Martínez, 1994:47; Marcos Marín y otros, 1998:411)
- Pronombres interrogativos, transpositores a la función sustantiva que desarrollan las denominadas construcciones *interrogativas indirectas*; la ausencia de palabra interrogativa puede entenderse también como forma de oración sustantiva en *estilo directo*
- Relativos átonos sin antecedente expreso: QUIEN, CUANTO

- Relativos átonos sustantivados (precedidos de artículo), cuyo papel no es, *stricto sensu*, el de transpositores, puesto que para poder desempeñar la función sustantiva, las oraciones que introducen deben ir precedidas de artículo, luego el papel de transpositor no corresponde al relativo, sino al artículo
- Construcciones de infinitivo. Este tipo de "oraciones" sustantivas se caracterizan por la ausencia de transpositor: el infinitivo es ya un sustantivo (verbal) y no necesita ser transpuesto a la función sustantiva

10.2.2. Particularidades en torno al empleo de QUE1

La conjunción completiva *que*, que1 según Alarcos, transpone una oración al nivel inferior de elemento de oración, confiriéndole la función que desempeñaría un sustantivo.

Admite a veces un artículo antepuesto, aunque no es lo más habitual, con la particularidad de que presenta inmovilidad genérica y aparece siempre en masculino y singular: *Me llamó la atención **el que una señora siguiera caminando a mi lado**.*

10.2.3. Estilo directo, estilo indirecto y oraciones sustantivas

Los pronombres y adverbios interrogativos dependientes de un verbo de lengua (*decir, preguntar, afirmar,* etc.) introducen, como ya se ha dicho antes, una oración sustantiva en estilo indirecto, con la particularidad de que el transpositor en estos casos (el pronombre o adverbio) desempeña además una función sintáctica en el seno de la oración que introduce: *Me dijo **quién vino ayer*** (oración sustantiva en estilo indirecto donde *quién* desempeña la función de sujeto de *vino*).

Por otra parte, la presencia de *estilo directo* puede ser entendida también como una oración sustantiva a los efectos de su función sintáctica, dependiente de un verbo de lengua, pero sin marca transpositora. En el texto escrito la interpretación del estilo directo se asocia al empleo del signo ortográfico de comillas ("...") empleado para marcar el segmento en estilo directo que está desempeñando la función propia de sustantivo: *Juan dijo "márchate y no vuelvas más"* (donde *"márchate y no vuelvas más"* es un segmento en estilo directo que hace las veces de oración sustantiva, cuya función es aquí la de implemento de "dijo").

10.2.4. Particularidades en torno a EL QUE / LA QUE / LOS QUE / LAS QUE / LO QUE. ¿Sustantivas o relativas semilibres?

Tradicionalmente la presencia de un artículo antepuesto a la forma de relativo "que" ha venido siendo considerada como mecanismo de sustantivación de una oración adjetiva, en cuyo caso el artículo hace las veces de transpositor de oración adjetiva a la función sustantiva. Así, en *El (que vino ayer) era mi hermano*, la oración adjetiva de relativo (*que vino ayer*) estaría ejerciendo como sustantivo por el efecto sustantivador del artículo "el", de donde "El que vino ayer" funciona como Sujeto de "era".

Por su parte, MNGLE (2010: 44.1.3.b.) considera en estos casos la existencia de un núcleo nominal tácito en grado 0: el artículo es un determinante y la oración de relativo funciona como adyacente de dicho núcleo nominal tácito. Esto es, se plantea la recuperación de un elemento implícito en el caso de *el que, la que...* A estas oraciones se las considera como oraciones de relativo *semilibres*, con la particularidad de que la interpretación del antecedente de las relativas semilibres se obtiene a menudo a partir del discurso anterior o del posterior: *El que más me gusta es el verde* > *El Ø que más me gusta es el verde* (Ø puede remitir a *color, globo, vaso...*).

En rigor, el problema de este tipo de oraciones debe resolverse, a nuestro entender, en el marco de la descripción de las oraciones adjetivas de relativo, dada la naturaleza de la marca afectada (el relativo "que" o QUE2, según Alarcos). En tal caso, queda pendiente esta cuestión, sobre la que se volverá en el Capítulo 11, apartado 11.2.3.2.)

10.2.5. Particularidades en torno a QUIEN / CUANTO. ¿Sustantivas o relativas libres?

Habitualmente se ha venido considerando que las oraciones encabezadas por los relativos QUIEN / CUANTO, sin antecedente expreso, introducen oraciones sustantivas dada la función que desempeña la secuencia introducida por tales pronombres, es decir, la propia de un sustantivo: *Quien bien te quiere te hará llorar* (donde *Quien bien te quiere* funciona como Sujeto, por lo que se entendería como oración sustantiva).

Como particularidad funcional, QUIEN es un pronombre relativo que equivale a *el que, la que,* que se emplea siempre referido a personas o a entes personificados, nunca a cosas. No es correcto su empleo sin preposición en oraciones adjetivas especificativas: **Otra chica, más joven, me introdujo al despacho de Luque, quien salió a recibirme.*

Por su parte, la NGLE (2009) considera este tipo de oraciones sustantivas como oraciones de relativo *libres,* esto es, oraciones relativas especificativas que incorporan semánticamente su antecedente, pero no lo expresan de manera sintáctica (*Quien dice eso miente*). Así, los relativos que las encabezan contienen internamente rasgos léxicos que permiten delimitar la clase de entidades que pueden servirles de antecedente; por ejemplo, *quien* limita su designación a seres animados, casi siempre personas: *Quien dice eso miente / La persona que dice eso miente.* En cierto sentido, tal como indica el MNGLE (2010: 44.1.2c) el significado correspondiente a *persona* estaría envuelto o incorporado en el significado del relativo *quien,* ya que ambas expresiones se refieren a una persona.

En nuestra opinión, no obstante, como ocurría con las denominadas relativas semilibres, el problema de este tipo de oraciones debe resolverse en el marco de la descripción de las oraciones adjetivas de relativo. Queda pendiente, pues, esta cuestión, sobre la que se vuelve en el Capítulo 11 para proponer una solución (apartado 11.2.3.1.).

10.2.6. Construcciones de infinitivo

Merece especial atención el funcionamiento del *infinitivo* como núcleo de una oración sustantiva, defendido firmemente por la escuela funcionalista (Alarcos, 1973, Martínez Álvarez, 1985, S. Gutiérrez, 1986 o J.A. Martínez, 1994), sobre la base de la naturaleza sustantiva del infinitivo, capaz de funcionar como sujeto, implemento de un verbo predicativo o atributo de un implemento (*oigo **sonar** las campanas,* donde *las campanas* es implemento y *sonar* el predicativo objetivo o atributo del implemento).

Esencialmente, el comportamiento de una construcción de infinitivo como equiparable a una oración sustantiva se traduce en la ausencia de marca transpositora, puesto que el infinitivo es ya un sustantivo (verbal) y no necesita ser transpuesto a la función sustantiva (Roca Pons, 1960:319-327, Marcos Marín y otros, 1998:419-421)[27].

En definitiva, las construcciones de infinitivo y las oraciones sustantivas presentan comportamientos prácticamente equiparables: se supeditan al verbo del mismo modo que una oración sustantiva, pero manteniendo su capacidad verbal respecto a posibles elementos estructurales, con la salvedad de que el infinitivo carece de sujeto morfológico y solo ocasionalmente lo lleva léxico (*No te lo creerás pero todo ha sido llegar **tú** e irse **él***).

Este comportamiento de las construcciones de infinitivo como equiparables a oraciones sustantivas es descrito por la NGLE (2009) como una variante funcional de los grupos verbales infinitivos, que pueden aparecen en cuatro clases de construcciones: *perífrasis verbales*, *oraciones independientes (¡a correr!)*, *oraciones "subordinadas"* y *construcciones dependientes no oracionales*; las dos últimas, concretamente, se ajustarían con lo que estamos comentando en este apartado:

- Infinitivo con oraciones "subordinadas":
    - o sustantivas: *Lamento **llegar tarde***
    - o adjetivas: *Cosas en las que **emplear el tiempo***
    - o adverbiales: ***Al salir el sol***
- Infinitivo con construcciones dependientes no oracionales (no sustituibles por sustantivo, adjetivo o adverbio), con función, por ejemplo de Predicativo: *Veíamos a los barcos **alejarse de la costa***

10.3. Funciones de la oración sustantiva

Aunque ya se han ido avanzando algunas de las funciones que puede desempeñar una oración transpuesta a la función sustantiva, existen una serie de funciones inequívocamente aceptadas por los gramáticos y otras funciones

---

[27] Desde la perspectiva generativista se asigna a la construcción formada por el infinitivo el rango O', cuyo sujeto estaría ocupado por una categoría vacía PRO (salvo cuando el sujeto léxico se hace explícito en construcciones como *no te lo creerás pero todo ha sido llegar tú e irse él*). Sobre las propuestas generativistas pueden consultarse Hernanz y Brucart, (1987:116-127); Fernández Lagunilla (1987:125-147); Piera, (1987:148-166); Haegeman (1994), etc.

más discutidas. Por este motivo hemos considerado dos grupos en este apartado, el de las funciones "canónicas" y el de las funciones "problemáticas".

10.3.1. Funciones "canónicas"

Entra en este grupo un conjunto de funciones generalmente aceptadas por los gramáticos:

- **Sujeto:** *Es necesario **que vengas***
- **Complemento Directo**: *Quiero **que vengas***
- **Complemento Indirecto:** *Hizo un regalo **a quienes le alabaron***
- **Complemento con preposición, dependiente de sustantivo o adjetivo** (en cuyo caso la función específica de la oración sustantiva es la de "término" de preposición): *Tengo mucha alegría de **que vengas** / Estoy alegre de **que vengas***
- **Suplemento, dependiente de verbos** (en rigor, también en estos casos la función específica de la oración sustantiva es la de "término" de preposición): *Me alegro de **que vengas***
- **Atributo:** *La realidad es **que vas a venir** / Este chico es **el que conocimos ayer***
- **Atributo del Implemento:** *Oigo **sonar** las campanas*

10.3.2. Funciones "problemáticas"

Frente a las funciones previas de la oración sustantiva, que resultan ampliamente reconocidas entre los gramáticos, existen algunas "lagunas" funcionales frente a las cuales existen opiniones divergentes.

Podemos resumir esta controversia funcional considerando si la oración sustantiva puede o no desempeñar las funciones de CI (complemento), Complemento Circunstancial (aditamento), Complemento de un adverbio, Complemento periférico o Aposición.

Con respecto a la función de CI (complemento), cabría aceptarla en oraciones como *Tengo miedo **a cuantos emplean la violencia***, si bien Gili Gaya extiende su ámbito de acción al de las "subordinadas adverbiales finales", dado que la preposición que las encabeza (*a* o *para*) es la misma que sirve para marcar el CI: *Ha venido **para que le expliquen bien las cosas***. Desde una perspectiva funcionalista queda claro que esta postura es desestimable, por cuanto una oración adverbial final nunca es conmutable por un pronombre CI LE/LES, como sí ocurre cuando la oración sustantiva funciona como CI. Véanse así los resultados de la conmutación por LE/LES:

- *Tengo miedo **a cuantos emplean la violencia** > Les tengo miedo*
- *Ha venido **para que le expliquen bien las cosas** > *Le ha venido*

Para Alarcos el caso de las oraciones sustantivas encabezadas por A o PARA (las adverbiales finales introducidas por A QUE / PARA QUE) sería análogo al de sustantivas encabezadas por POR (adverbiales causales introducidas por PORQUE). En ambos casos, Alarcos considera la existencia de una oración sustantiva encabezada por preposición, lo que implica que el conjunto [Preposición + Oración Sustantiva] configure un SP en función de aditamento. El sentido final o causal ya no es una cuestión sintáctica sino semántica. Véanse así los ejemplos que siguen, que reflejan la opinión de Alarcos frente a esta cuestión:

- Estudio [para [que1 me aprueben] Oración sustantiva> término de preposición] SP> ADITAMENTO
- Estudio [por [(que1) me gusta] Oración sustantiva> término de preposición] SP> ADITAMENTO

La cuestión que se plantea a partir de aquí es ¿PORQUE y PARA QUE son efectivamente el resultado léxico de POR + QUE1 o PARA + QUE1? Podemos aportar algunas pruebas al respecto que demostrarán que esta alternativa no es la más adecuada. En el fondo se trata de determinar si estamos ante oraciones sustantivas encabezadas por QUE1 o ante las marcas (supuestamente) transpositoras ya lexicalizadas PORQUE y PARA QUE; si es esto último, obviamente no hay tales oraciones sustantivas ni tampoco un QUE1. Veamos su comportamiento ante la prueba de conmutación por coordinación, con elipsis parcial o completa de las marcas PORQUE / PARA QUE:

- *He llegado tarde **porque** he perdido el autobús*
  - *He llegado tarde **porque** he perdido el autobús y **porque** no me ha sonado el despertador a tiempo / He llegado tarde **porque** he perdido el autobús y no me ha sonado el despertador a tiempo / *He llegado tarde **porque** he perdido el autobús y **que** no me ha sonado el despertador a tiempo*
- *Quiero estudiar **para que** me consideren válido*
  - *Quiero estudiar **para que** me consideren válido y **para que** me respeten / Quiero estudiar **para que** me consideren válido y me respeten / *Quiero estudiar **para que** me consideren válido y **que** me respeten*

La posibilidad de elipsis en la coordinación de oraciones causales o finales solo admite la omisión completa de las unidades PORQUE / PARA QUE, o bien la repetición de estas sin elipsis. Esto demuestra que PORQUE y PARA QUE son dos unidades lexicalizadas y que, por tanto, no hay una oración sustantiva encabezada por QUE1 en ninguno de ambos casos. Ahora bien, si no son oraciones sustantivas en función de aditamento ¿qué son las oraciones causales y las finales? Estudiaremos esta cuestión en el Capítulo 12 al abordar la descripción de las denominadas adverbiales "impropias".

El problema de las causales y finales con respecto a si se trata de oraciones sustantivas encabezadas por preposición o no (con función de aditamento) es el mismo que afecta a otras combinaciones de [Preposición + QUE] o [Adverbio + preposición + QUE]. ¿Estamos en estos casos ante oraciones sustantivas en función de aditamento o ante unidades lexicalizadas ([Preposición + QUE] o [Adverbio + preposición + QUE]) y, por tanto, no cabe pensar en oraciones sustantivas? Tratemos de explicar la cuestión con ejemplos:

- *No hemos visto el sol **desde que** empezó el invierno* [Preposición + QUE] (¿oración sustantiva?)
- *Esto pasó **antes de que** me diera cuenta* [Adverbio + preposición + QUE] (¿oración sustantiva?)

Nuevamente podemos resolver la cuestión aplicando la prueba de conmutación por coordinación, con elipsis parcial o completa de las marcas DESDE QUE / ANTES DE QUE:

- *No hemos visto el sol **desde que** empezó el invierno y desde que se marchó tu padre / No hemos visto el sol **desde que** empezó el invierno y se marchó tu padre / *No hemos visto el sol **desde que** empezó el invierno y que se marchó tu padre*
- *Esto pasó **antes de que** me diera cuenta y antes de que pudiera reaccionar / Esto pasó **antes de que** me diera cuenta y pudiera reaccionar / *Esto pasó **antes de que** me diera cuenta y que pudiera reaccionar*

Y nuevamente, la elipsis en la coordinación de oraciones solo puede darse de modo completo con las unidades DESDE QUE / ANTES DE QUE, lo que demuestra que se trata de unidades lexicalizadas y no existen por tanto oraciones sustantivas encabezadas por una preposición o un adverbio. DESDE QUE / ANTES DE QUE son en consecuencia transpositores complejos de oración a la función adverbial y su estudio será considerado en el Capítulo 12 (Oraciones adverbiales "propias").

Adicionalmente, S. Gutiérrez (1997:390-422) habla de función de *Complemento periférico o circunstante*, para secuencias como *Si tenemos que hablar de tus problemas* en el conjunto oracional *Si tenemos que hablar de tus problemas, son un mundo aparte*, considerando la presencia de un transpositor SI (completivo, no condicional) que podría ser visto como transpositor de oración sustantiva. Este valor, no obstante, puede ser discutido y tratado como forma de contraste en el marco de la bipolaridad sintáctica, como trataremos de demostrar en el Capítulo 12 (Oraciones bipolares).

Finalmente, hay una función "engañosa" de la oración sustantiva que explica J.A. Martínez (1994:72), la de *aposición* en oraciones como *La vi el día **que me recibió***, donde parecería que hay una oración sustantiva en aposición a "día". Se trata en realidad de una construcción donde se ha omitido (potestativamente) la preposición que precede al transpositor QUE (*La vi el día (en) que me recibió*) de modo que, en realidad, estamos ante una oración de relativo, adjetiva, y no ante una oración sustantiva[28]. No hay tal función de aposición.

10.4. Aspectos gramaticales particulares en torno a las oraciones sustantivas

En el estudio y descripción de las oraciones sustantivas quedan algunos flecos que queremos tratar en este último apartado y que afectan, fundamentalmente, a las *sustantivas agenciales*, a las *sustantivas de sujeto* y a las *sustantivas de CD*.

10.4.1. Sustantivas "agenciales"

Dentro de la "subordinación" sustantiva puede considerarse una clase funcional particular, no tenida en cuenta generalmente por los gramáticos, la de las oraciones "agentivas" o "agenciales" (Lope Blanch, 1995:95), que serían oraciones sustantivas precedidas de preposición (habitualmente *por*) en construcciones con voz pasiva: *El prisionero fue condenado **por quienes juzgaron su caso***.

El hecho es que estas oraciones pueden tratarse como Circunstanciales de Complemento Agente (Marcos Marín y otros, 1998:441-442). Todo depende del criterio que se privilegie para su análisis:

- el funcional: se consideran como sustantivas ya que el complemento agente es función privativa del sustantivo
- el formal: se consideran circunstanciales por el efecto transpositor del índice preposicional de función

En última instancia, este problema viene a reproducir el asunto de la ubicación funcional del Complemento Agente, asunto ya tratado en el Capítulo 4, apartado 4.3.5.1.2.

10.4.2. Sustantivas de Sujeto / CD

Algunas particularidades gramaticales que afectan de modo específico a las oraciones sustantivas en función de sujeto o en función de CD merecen ser tratadas con algo de detalle.

---

[28] Como veremos en el Capítulo 11, en la teoría de Alarcos el QUE de las oraciones adjetivas no es un QUE 1, sino un QUE 2.

10.4.2.1. Sustantivas de Sujeto

Se manifiestan gramaticalmente con las siguientes estructuras:

- Estructuras atributivas: *Es estupendo que tengas tantos proyectos.*
- Con los verbos *gustar, apetecer, importar,* etc.: *Me encanta que vayamos juntos al cine*
- En oraciones de pasiva refleja: *Se dice que...*
- En oraciones adjetivas sustantivadas: cuando la oración sustantiva es transpuesta por un relativo, precedido o no de artículo, se establece entre el relativo y el verbo "principal" una relación de concordancia en número y persona (3.ª persona singular o plural): *Quienes hablaron no obtuvieron ningún eco / El que se esfuerza obtiene recompensa*

Como particularidad específica, no hay concordancia entre la oración sustantiva de sujeto y el verbo principal, que se construye siempre en 3.ª persona del singular: ***Es** necesario que vengas /* ***Es** necesario que vengáis.* Otra característica gramatical bastante afín con las oraciones sustantivas es la presencia del modo subjuntivo, particularmente en los dos primeros casos comentados (estructuras atributivas y oraciones sustantivas con verbos *gustar, apetecer, importar,* etc.)

10.4.2.2. Sustantivas de CD

Hay que dedicar atención en este apartado a las denominadas oraciones sustantivas *interrogativas indirectas*, particularmente a los procedimientos gramaticales o transpositores que se emplean para su expresión, de lo que ya hemos hablado parcialmente en 10.2.3. Se distinguen así dos grupos de interrogativas indirectas:

- a) absolutas: encabezadas por el transpositor *si: Dime **si** tienes hambre*
- b) parciales: encabezadas por pronombres o adverbios interrogativos: *Averigua **quién** ha llamado antes*

Un grupo particular en este apartado de Sustantivas en función de CD es el de las *exclamativas indirectas*: *Mi abuela me dijo que qué manera tenía de contestarle.*

Otra cuestión gramatical problemática relacionada con las oraciones Sustantivas de CD es el "dequeísmo", cuando, indebidamente, la oración sustantiva transpuesta por QUE1 va precedida por una preposición DE: * *Creo de que vendrás.* El fenómeno inverso al dequeísmo es el "queísmo", consistente en la omisión indebida de la preposición DE, si bien no se trata aquí de una cuestión gramatical relacionada con las Sustantivas en función de CD, sino de un problema normativo que debe evitarse: **Estoy seguro (de) que vendrás*

CAPÍTULO 11. ORACIONES "SUBORDINADAS" ADJETIVAS

11.1. Definición

11.2. Articulación formal de las oraciones adjetivas

11.2.1. Tipología de oraciones adjetivas

11.2.2. Marcas formales transpositoras

11.2.3. Oración adjetiva y antecedente: relativas libres y semilibres

11.2.3.1. Relativas con QUIEN / CUANTO

11.2.3.2. Relativas con EL QUE / LA QUE / LOS QUE / LAS QUE

11.2.3.3. Relativas con LO QUE

11.2.3.3.1. Su análisis sintáctico

11.2.3.3.2. Estructuras "especiales" con LO QUE

11.2.3.3.2.1. LO + ADJ / ADV + QUE

11.2.3.3.2.2. LO QUE / LO CUAL como forma de yuxtaposición

11.2.4. Relativas preposicionales

11.3. Circunstanciales de relativo: sobre el comportamiento de DONDE, COMO, CUANDO

11.4. Funciones de la oración adjetiva

11.4.1. Adyacente de sustantivo. Oraciones adjetivas especificativas y explicativas, restrictivas y no restrictivas

11.4.2. Funciones "problemáticas"

11.4.2.1. Predicativo

11.4.2.2. Atributo

11.4.3. De oraciones adverbiales impropias comparativo-consecutivas a "construcciones" comparativo-consecutivas

11.4.3.1. Las Adverbiales Comparativas como subespecie de las construcciones de relativo

11.4.3.1.1. Definición

11.4.3.1.2. Clases y estructura

11.4.3.2. Las Adverbiales Consecutivas como subespecie de las construcciones de relativo

11.4.3.2.1. Definición

11.4.3.2.2. Clases y estructura

11.1. Definición

Toda oración transpuesta a la función de adjetivo (adyacente nominal o subordinado a un núcleo nominal) es una oración "subordinada" adjetiva o, sencillamente, una oración adjetiva: *Las casas **que construyeron** se derrumbaron inesperadamente.*

Debe advertirse que, como veremos más adelante (11.2.3.1.), la oración introducida por un pronombre relativo puede desempeñar la función adjetiva o sustantiva: *Quien calla, no siempre otorga.*

En términos generales, decimos que son oraciones adjetivas las que funcionan como adjetivos (Kovacci, 1990:183), lo que nos lleva a diferenciar un tipología fundamental.

11.2. Articulación formal de las oraciones adjetivas.

La articulación formal de las oraciones adjetivas resulta más compleja de lo que podría parecer a priori, ya que habitualmente se suele identificar por extensión como adjetivas a las oraciones de relativo. Como veremos en lo que sigue, la complejidad formal de la oración adjetiva encierra numerosos aspectos que conviene tener en cuenta.

11.2.1. Tipología de oraciones adjetivas

Hay dos formas fundamentales de oraciones adjetivas; en primer lugar, las que son introducidas por un pronombre "relativo" que ejerce de transpositor y que, además, puede desempeñar una función en el seno de la oración que introduce. Hay que dilucidar no obstante si el pronombre relativo atañe a una oración adjetiva o a una sustantiva.

Hay, además, otro tipo de secuencias oracionales o equiparables a oración que funcionan como adjetivos (son por tanto homologables, funcionalmente hablando, a oraciones adjetivas), pero no son oraciones de relativo. Se trata de construcciones de *participio* que, por tanto, consideraremos como oraciones adjetivas, cuya función es la de adyadente de un sustantivo: *Tengo dos hijos **nacidos en Zaragoza**.*

11.2.2. Marcas formales transpositoras

En cualquier caso, las formas más frecuentes de transposición de oraciones a la función adjetiva son las que responden al empleo de los siguientes transpositores, en su mayor parte pronombres relativos con antecedente expreso:

- **QUE (QUE2 en la propuesta de Alarcos).** Es Invariable y su antecedente es un sustantivo masculino o femenino, singular o plural: *Los niños **que** cantan son alegres.*

- **CUAL.** Es variable en número y va siempre precedido de un artículo, que concuerda en género y número con su antecedente: *Tengo unos primos a **los cuales** no veo casi nunca.*

- **CUANTO.** Posee flexión de género (masculino y femenino) y número (singular y plural): *Todo **cuanto** poseo es para ti*

- **QUIEN.** Varía en número y como transpositor de oración a la función adjetiva se usa normalmente con antecedente personal: *Es un **escritor** a **quien** ella admira mucho*

- **CUYO.** Tiene significación posesiva y concuerda en género y número con el sustantivo que le sigue. No se trata, pues, de un pronombre, sino de un *adjetivo relativo*, de modo que su función es siempre la de adyacente de dicho sustantivo. El sustantivo que le sigue indica la cosa poseída, mientras que el sustantivo que lo precede nombra el poseedor: *Los hombres **cuyos** principios son débiles suelen ser malvados.*

Además de los relativos pronominales (y el adjetivo CUYO) previos hay también adverbios que poseen una naturaleza relativa que los capacita, según el contexto y la situación gramatical, para funcionar como oraciones adjetivas; los más habituales son **DONDE**, **CUANDO** y **COMO**. Todos ellos son invariables por su naturaleza adverbial y su funcionamiento como transpositores de oración adjetiva les viene dado por la presencia previa de un antecedente:

- *Vengo de una **ciudad donde** llueve todo el año*
- *Fue desagradable la **manera como** se comportó*
- *Han pasado tres días desde la **noche cuando** vi a tu madre*

Una forma de reconocer la naturaleza adjetiva de la oración que introducen estos adverbios relativos con antecedente es su capacidad para alternar con otros relativos, necesariamente precedidos de preposición: *Aquella otra noche **en la que** / cuando…; Otras ciudades **en las que** / donde…*

La condición común para que todos estos relativos pronombres, adjetivos o adverbios funcionen como transpositores de oración a la función adjetiva es que posean un **antecedente**. Así, como indica el MNGLE (2010) "las relativas que tienen antecedente expreso ejercen una función similar a la de los demás modificadores del sustantivo. Por este motivo, en la tradición gramatical se ha denominado a estas oraciones subordinadas adjetivas".

11.2.3. Oración adjetiva y antecedente: relativas libres y semilibres

Como ya hemos indicado para determinar si hay o no una subordinada adjetiva es necesario determinar si hay un antecedente, ya que sin dicho antecedente algunos de los relativos mencionados en 11.2.2. no introducen, al menos no en su forma "canónica", oraciones adjetivas. Ello nos enfrenta al problema de las denominadas relativas "libres" y "semilibres" y a la decisión de definirlas como oraciones adjetivas o como oraciones sustantivas, asunto sobre el que hemos avanzado algunas ideas en 10.2.4. y 10.2.5. y que afecta fundamentalmente a los pronombres QUIEN (y sus variantes) y (EL) QUE (y sus variantes). Veámoslo con algún detalle en los puntos que siguen.

11.2.3.1. Relativas con QUIEN / CUANTO

La NGLE (2009) habla de relativas "libres" en referencia a las oraciones encabezadas por los relativos QUIEN (o CUANTO) sin antecedente expreso. Las relativas libres son relativas especificativas que incorporan semánticamente su antecedente, pero no lo expresan de manera sintáctica (*Quien dice eso miente*).

Los relativos que encabezan tales oraciones contienen internamente rasgos léxicos que permiten delimitar la clase de entidades que pueden servirles de antecedente. Así, *quien* limita su designación a los seres animados, casi siempre personas, y *cuanto* y sus variantes poseen un contenido similar a *el que / la que,* etc., o *todo el que / toda la que,* etc. (MNGLE 2010: 44.1.).

Defiende, pues, el MNGLE (2010) que en una oración como *Quien dice eso miente,* **Quien** aporta la misma información que **La persona que** en el grupo nominal **la persona que dice eso**. Así pues, el significado correspondiente a **persona** está incorporado en el significado del relativo *quien* (MNGLE 2010: 44.1.2c). Se trataría para el MNGLE de una oración de relativo adjetiva, con antecedente implícito o "relativa libre". Lo mismo ocurriría con una oración como *Hizo cuanto pudo,* donde el sentido de *cuanto* estaría recogido en un antecedente tácito del tipo **todo lo que** ('la cantidad o el grado (en) que'), de modo que se defiende igualmente la existencia de una oración de relativo adjetiva o "relativa libre".

Frente a este opinión, claramente semantista, cabe defender en nuestra opinión una postura más sintáctica o "inmanentista" en el sentido de basar la interpretación del valor de la oración encabezada por QUIEN exclusivamente en las marcas gramaticales que se dan explícitamente: no aparece ningún antecedente explícito y la oración encabezada por QUIEN, siendo de relativo, no puede funcionar como adyacente de antecedente sustantivo alguno; en consecuencia, dado que la forma QUIEN, en el desempeño de su función traspositora capacita a la oración que encabeza para que funcione como un sustantivo, deberemos considerar la existencia de una oración **sustantiva**: *Quien dijo eso mintió* (donde *Quien dijo eso* funciona como Sujeto de *mintió* y constituye, pues, una oración sustantiva transpuesta por QUIEN).

11.2.3.2. Relativas con EL QUE / LA QUE / LOS QUE / LAS QUE

La NGLE (2009) habla de relativas "semilibres" en referencia a las oraciones encabezadas por los relativos EL QUE / LA QUE / LOS QUE / LAS QUE sin antecedente expreso. En estos casos, el MNGLE (2010: 44.1.3.b.) se inclina por considerar la recuperación de un elemento antecedente tácito, en la idea de que "la interpretación del antecedente de las relativas semilibres se obtiene a menudo a partir del discurso anterior o del posterior": *El que más me gusta es el verde* > *El Ø que más me gusta es el verde* (donde *Ø* puede remitir a *color, libro, vaso…*).

Es más, otras veces no es necesario recurrir a un elemento nominal recuperado contextualmente: *El que dice eso miente,* donde podría interpretarse directamente *el que* en el sentido de *la persona que.* La consecuencia de ello es que tales relativas "semilibres" serían, en todo caso, oraciones de relativo adjetivas, **adyacentes** de un núcleo tácito no expreso.

Sin embargo, como en el caso de las relativas libres, pensamos que la interpretación de este antecedente tácito no expreso representa una consideración más semántica que sintáctica en el caso de estas relativas "semilibres".

De hecho, cabría pensar en dos análisis sintácticos alternativos que evitan la necesidad de recuperar semánticamente un núcleo omitido:

- La primera opción es quizás más "clásica", o sencilla si se quiere, y consiste en considerar que el artículo EL está funcionando como *transpositor* (sustantivador) de la oración de relativo encabezada por QUE2, lo que daría lugar a pensar en una oración adjetiva "sustantivada", que funciona por tanto como un sustantivo.

- La segunda opción, quizás la más razonable desde una perspectiva estrictamente funcional, sería considerar que el valor pronominal que etimológicamente corresponde al artículo EL (cuyo origen es el mismo que el de la forma pronominal LO / LA / LOS / LAS) permanece vigente en este tipo de construcciones EL QUE / LA QUE / LOS QUE / LAS QUE. De este modo, el relativo QUE2 introduce una oración adjetiva que funciona como adyacente de dicho pronombre, núcleo por su parte de un SN. Esto daría lugar a un análisis como el que sigue:

EL QUE DICE ESO   MIENTE

— _____
N   Oración adjetiva   _____
    SN /Sujeto   SV / Pdo

En definitiva, para una oración como *El que dice eso miente* hay tres análisis posibles:
- una oración relativa semilibre con núcleo tácito, donde EL es supuestamente el determinante de un sustantivo en grado 0 y la oración adjetiva funciona como adyacente del núcleo tácito
- una oración adjetiva sustantivada, donde EL es el transpositor de la oración adjetiva a sustantivo, por lo que la oración funcionará como un sustantivo
- una oración adjetiva que funciona como adyacente de un pronombre EL, núcleo a su vez de un SN

11.2.3.3. Relativas con LO QUE

11.2.3.3.1. Su análisis sintáctico

El caso de la combinación LO QUE no es exactamente el mismo que el de la estructura EL QUE / LA QUE / LOS QUE / LAS QUE. En el caso de LO QUE parece bastante claro el carácter pronominal de LO, por cuanto la oración introducida por *que* (QUE2) es claramente una oración adjetiva en función de adyacente de un elemento nominal. La etimología de LO (> ILLUM) demuestra asimismo su naturaleza netamente pronominal en dicha estructura, pero también su funcionamiento anafórico contextual. Así, en una oración como *Haré **lo** que dices,* podemos considerar LO como pronombre fórico referido a un elemento neutro previo como **algo** en *Tú dices algo,* de donde, en la derivación "Tú dices **algo** > Haré **lo** que dices", se demuestra la naturaleza pronominal de LO. No es, pues, un transpositor de oración adjetiva a la función sustantiva, sino el núcleo de un SN que tiene como adyacente una oración adjetiva:

HARÉ (Sujeto omitido, YO)   LO   QUE DICES

	N	Oración adjetiva/adyacente
SV / Pdo		SN / Implemento

11.2.3.3.2. Estructuras "especiales" con LO QUE

Al margen de la construcción previa, la combinación LO QUE configura también ciertas estructuras sintácticamente problemáticas cuyo análisis conviene tener en cuenta.

11.2.3.3.2.1. LO + ADJ / ADV + QUE

En este tipo de construcción, el relativo QUE2 puede considerarse categorialmente como consecuente de un adjetivo o adverbio en la oración adjetiva: su antecedente es, precisamente, un adjetivo o adverbio sustantivado mediante LO, que en este caso sí ejercería el papel de transpositor de adjetivo como haría en estructuras del tipo *lo rojo, lo peor*, etc.

Esta interpretación conlleva ciertos análisis sintácticos. Así la estructura LO + ADJ + QUE recibe el siguiente análisis:

Me admira	lo buenas (adj)	que	son
Predicado	sustantivo	Atrib.	Vc
	NÚCLEO	Adyacente (oración ADJETIVA)	
	SN/ Sujeto		

Por su parte, la estructura LO + ADV + QUE recibe el siguiente análisis:

Me admira	lo bien (adv)	que	vives
Predicado	sustantivo	Adit.	V, pred,
	NÚCLEO	Adyacente (oración ADJETIVA)	
	SN/ Sujeto		

11.2.3.3.2.2. LO QUE / LO CUAL como forma de yuxtaposición

En esta construcción nos hallamos ante un caso especial de LO QUE / LO CUAL con antecedente oracional, un predicado o parte de él: *A fines del S. XV empezó a haber naciones en Europa,* **lo cual/ lo que** *quiere decir que antes no las había.*

Es claro que el carácter relativo de QUE no puede aceptarse por cuanto su antecedente debe ser siempre un sustantivo o equivalente funcional de sustantivo, y no una oración. Estamos, pues, ante una forma gramaticalizada de yuxtaposición oracional, en la idea de que LO QUE tampoco debe entenderse como el conector, conjunción o similar. Son, pues, **oraciones yuxtapuestas**: el antecedente del relativo es la primera oración en su totalidad, de manera que LO + RELATIVO se comporta como lo haría un pronombre demostrativo neutro (anafórico) del primer constituyente: *A fines del S. XV empezó a haber naciones en Europa,* **eso** *quiere decir…*

En rigor, no podemos hablar de oración adjetiva, ni tampoco de oración adjetiva sustantivada. Se trata, como hemos dicho, de una construcción gramaticalizada de naturaleza anafórica que debe entenderse como forma especial de yuxtaposición, en ausencia de nexo relacionante (no hay "coordinación") y de transpositor (no hay "subordinación").

11.2.4. Relativas preposicionales

Uno de los problemas que puede plantearse a la hora de proceder al análisis sintáctico de las oraciones adjetivas es precisar las funciones de tales estructuras cuando van precedidas por algún elemento de índole preposicional. De hecho, gran parte de los relativos pueden ir precedidos de preposición: *Esta es la última razón por la cual / que decidimos venir aquí de viaje.* En tales casos, además, la omisión de la preposición deriva en una incorrección gramatical.

Las relativas preposicionales aparecen asociadas con los relativos complejos (*el que, la cual,* etc.), y en el español actual, solo las preposiciones *a, con, de* y *en* admiten regularmente la combinación con el *que* relativo desprovisto del artículo determinado: (…) *el rosario de violencias con que la había castigado en los últimos meses.*

En cuanto al análisis de estas estructuras es muy importante priorizar la naturaleza adjetiva de las mismas, independientemente de que vayan precedidas de preposición, de modo que la presencia de un transpositor relativo permite degradar la oración afectada a la función propia de un adjetivo. Así, en *El teléfono **con el que te llamé** era de segunda mano,* la secuencia ***con el que te llamé*** debe ser analizada como oración adjetiva en función de adyacente de "teléfono"; de hecho, es conmutable por un adjetivo (*El teléfono **rojo** es de segunda mano).* Otra cuestión será el reanálisis interno de la oración adjetiva: "con el que"> SP / Aditamento, te> CD, llamé> V; y si seguimos el análisis a nivel sintagmático: con > ENLACE / el que> SN / TÉRMINO

11.3. Circunstanciales de relativo: sobre el comportamiento de DONDE, COMO, CUANDO

Para determinar si la presencia de estas palabras conlleva la existencia de una oración adjetiva de relativo hay que reconocer previamente si hay un antecedente. Con antecedente hay oración de relativo (adjetiva), y DONDE, COMO, CUANDO son adverbios relativos que introducen una oración en función de adyacente de un sustantivo: *Esa es la **casa donde** vivo.*

Cuando no hay tal antecedente, DONDE, COMO, CUANDO funcionan como transpositores de oración a la función adverbial, y no son adverbios relativos (en la gramática tradicional se consideran como conjunciones subordinantes que introducen oraciones "subordinadas" adverbiales propias de lugar, tiempo y modo, respectivamente): ***Donde** vivo no hay semáforos.*

La visión de la NGLE ante este tipo de estructuras es diferente. Considera que DONDE/COMO/CUANDO tienen suficiente contenido semántico (y sintáctico) para identificar el antecedente:

- Donde = (en) el sitio en que
- Como = (de) la manera en que
- Cuando = (en) el momento en que

En realidad, el análisis de este tipo de estructuras por parte de la NGLE es el propio de las relativas libres (QUIEN / CUANTO), de modo que se considera la existencia de un núcleo tácito:

- [∅ (**quien vino**)] es Juan> ∅ = la persona
- Invitó a [∅ (**quien quiso**)] > ∅ = la persona
- Voy a [∅ (**donde vive**)]> ∅ = al sitio en que
- Viene [∅ (**cuando quiere**)]> ∅ = siempre que, en el momento en que

Según este análisis, las oraciones adverbiales propias de LUGAR/TIEMPO/MODO no son adverbiales, sino oraciones adjetivas de relativo con antecedente "callado" o "envuelto", como las llamó Bello. Con ello se evitaría la duplicación categorial en el análisis de la RAE (1973), que prefería la interpretación que hemos avanzado al inicio de este epígrafe.

La cuestión, en nuestra opinión, es la siguiente: ¿cuál es la función de la oración de relativo, si su antecedente es tácito (=∅)? Desde una perspectiva funcionalista, los complementos deben serlo de elementos explícitos, no de elementos "callados"; admitir este tipo de relativas adverbiales supondría admitir adyacentes con un núcleo 0; la catálisis (reconstrucción del antecedente) lleva a soluciones muy diversas y heterogéneas.

En conclusión: resulta preferible seguir considerando la existencia de oraciones adverbiales propias de LUGAR/TIEMPO/MODO y mantener su diferencia con las adjetivas de relativo con DONDE/COMO/CUANDO con antecedente.

11.4. Funciones de la oración adjetiva

La adscripción funcional de las oraciones adjetivas plantea dos opciones fundamentales, la de su función como adyacente de un núcleo sustantivo o de naturaleza nominal, y la posibilidad, más discutible de que puedan funcionar cubriendo la denominada función "incidental" (como variante de su función de adyacencia), la función de *atributo* o la función de *predicativo*.

11.4.1. Adyacente de sustantivo. Oraciones adjetivas especificativas y explicativas, restrictivas y no restrictivas

La función propia de la oración adjetiva es la equivalente a un *adjetivo atributivo*, como adyacente directo del sustantivo.

La derivada semántica y estructural de esta función adyacente está asociada a dos diferencias que debemos tratar de aclarar:

- La distinción entre oraciones adjetivas explicativas y especificativas, que viene dada por una diferencia estructural consistente en el hecho de que la oración adjetiva vaya situada entre comas (explicativas) o no (especificativas): *Los niños, que cantan, son felices / Los niños que cantan son felices*
- La distinción entre oraciones adjetivas restrictivas y no restrictivas, que conlleva una diferenciación semántica de restricción (limitación semántica de la oración adjetiva) o no restricción (no limitación semántica de la oración adjetiva*): Los niños que cantan son felices* (restrictiva), *Los niños, que cantan, son felices* (no restrictiva)

El problema surge por una confusión habitual que tiende a la identificación casi automática entre explicativas y no restrictivas, por un lado, y especificativas y restrictivas por el otro. La realidad, sin embargo, es que la diferenciación entre restrictivas/no restrictivas depende del contexto o la situación, y no de las pausas ni la entonación de la oración adjetiva, de modo que puede haber tanto oraciones adjetivas especificativas restrictivas y no restrictivas, como oraciones adjetivas explicativas restrictivas y no restrictivas:

- ADJETIVA ESPECIFICATIVA RESTRICTIVA: *Los alumnos que suspendan repetirán el examen*

- ADJETIVA ESPECIFICATIVA no RESTRICTIVA: *En la calle solo había un crío que jugaba con la pelota; Aún me duele el golpe que me he dado*
- ADJETIVA EXPLICATIVA RESTRICTIVA: *En la actualidad, cualquier enfermedad, que tenga operación claro está, se puede tratar*
- ADJETIVA EXPLICATIVA no RESTRICTIVA: *Los niños, que cantan, son felices*

En relación con su función adyacente, cabe plantearse si la oración adjetiva puede cumplir la denominada *función "incidental"*, que sí puede cumplir el adjetivo o el sintagma adjetival.

Así, un **adjetivo (o sintagma adjetival) en función incidental** sin estar en construcción absoluta, mantiene respecto al resto de la frase cierta autonomía que queda marcada formalmente por su libertad posicional y por estar separado mediante pausas:

- *Tristes por los malos presagios, los dos colegas siguieron su camino*
- *Los dos colegas, tristes por los malos presagios, siguieron su camino*
- *Los dos colegas siguieron su camino, tristes por los malos presagios*

En su caso, la oración **adjetiva explicativa**, que por la presencia de pausas podría equipararse con la función "incidental" del adjetivo, carece de la movilidad posicional propia de dicha función, lo que marca una diferencia importante entre adjetivo (o sintagma adjetival) y oración adjetiva respecto a la función "incidental":

- *Los niños, que están jugando, corren por el prado*
- ** Que están jugando, los niños corren por el prado*
- ** Los niños corren por el prado, que están jugando*

En definitiva, la función incidental no es propia de las oraciones adjetivas.

11.4.2. Funciones "problemáticas"

Hay dos funciones propias del adjetivo que se presentan como posibles para la oración adjetiva pero que, como se verá a continuación, plantean serios problemas para su aceptación para esta categoría. Anticipamos, pues, que estas dos funciones, las de *Atributo* y *Predicativo*, **NO** son susceptibles de ser asumidas por una oración adjetiva.

11.4.2.1. Predicativo

Si partimos de los ejemplos:

- *El enfermo llegó muerto al hospital* (donde *muerto* funciona como adjetivo predicativo)
- *Juan llegó que daba pena verlo*

En la segunda oración nos situamos ante una duda analítica bastante evidente: ¿cuál es la función de la supuesta oración adjetiva "que daba pena verlo"?

En el caso de la función predicativa del adjetivo, la *concordancia* es una imposición entre el predicativo y el complemento sobre el que incide; pero no se puede aplicar esta prueba de la concordancia a una oración, ya que una oración no es susceptible de recibir morfemas de género ni número: *El enfermo llegó muerto/ Los enfermos llegaron muertos.*

A este problema de imposibilidad de aplicar la prueba de la concordancia se añade que, en algunos casos, se podría pensar para estas construcciones en un antecedente y en QUE como relativo: ***Juan** llegó (**que** daba pena verlo)*. Pero otras veces no: ***Juan** salió **que** los diablos se **lo** llevaban* (suponiendo que *que* sea un relativo, ¿cuál debería ser el antecedente de QUE si *lo* tiene ya como referente anafórico a **Juan**?)

La alternativa que se plantea aquí es considerar esta estructura como construcción vinculada al comportamiento gramatical de las tradicionalmente llamadas adverbiales "impropias" COMPARATIVO-CONSECUTIVAS. Así, podríamos pensar en la omisión (justificada contextualmente) de algún elemento cuantificador previo que podría hacer las veces de antecedente del relativo QUE2: ***Juan** salió **tan enfadado** que los diablos se lo llevaban.* Volveremos sobre estas estructuras en 11.4.3.2.

No obstante lo anterior, quedan algunos casos, quizás gramaticalizados, en los que podría pensarse que la construcción con oración supuestamente adjetiva funciona como predicativo: *No les pagaba nada, solo las propinas, pero los había **que sacaban diez y doce pesetas de ellas*** (Barea, *Forja*; ejemplo tomado de MNGLE, 2010: 838-839).

11.4.2.2. Atributo

Podemos considerar la viabilidad de esta función a partir de los ejemplos que siguen:

- *Juan está sucio* (adjetivo como atributo)
- **Juan** *está* **que** *da pena verlo* (¿oración adjetiva como atributo?)

La cuestión aquí sería determinar si la forma *que* es un relativo (QUE2), y si es así, cuál es su antecedente. Como en 11.4.2.1., también aquí se puede pensar en un cuantificador implícito: *Juan está* **(tan)** *sucio* **que** *da pena verlo.*

Se puede entender, pues, que el antecedente de QUE es el adverbio **tan**. Como ocurría en 11.4.2.1., el problema debe relacionarse con el estudio de las tradicionalmente llamadas adverbiales "impropias" COMPARATIVO-CONSECUTIVAS.

La consecuencia lógica, que anticipamos ahora, de los apartados 11.4.2.1. y 11.4.2.2. es que algunas construcciones de relativo y comparativo-consecutivas están vinculadas categorialmente, por lo que su análisis debe abordarse en un marco común, el de las oraciones adjetivas. A eso dedicamos especialmente el mencionado apartado 11.4.3.2.

Queda, pues, descartada la función *atributo* para las oraciones adjetivas.

11.4.3. De oraciones adverbiales impropias comparativo-consecutivas a "construcciones" comparativo-consecutivas

En los apartados previos 11.4.2.1. y 11.4.2.2. hemos apuntado la posibilidad de considerar el estudio de las tradicionalmente llamadas adverbiales impropias "comparativo-consecutivas" en el ámbito de las oraciones adjetivas, entendiéndolas como secuencias con una oración adjetiva cuyo antecedente, explícito o tácito, puede ser un elemento cuantificador[29]:

- Juan es **más** alto **que** *Pedro (es)*
- Pedro es **tan** alto **que** *no cabe por la puerta*

---

[29] Frente a esta posición, otros autores asignan a estas construcciones las características propias de la *bipolaridad* sintáctica (Rojo, 1978; Narbona, 1989 y 1990), entendiendo que las comparativas y consecutivas son "estructuras bimembres articuladas en torno a dos términos que recíprocamente se requieren" (Narbona, 1990: 61). Sobre ello, y al margen de la discusión que ahora vamos a introducir, volveremos en el Capítulo 12.

Y, efectivamente, si observamos detenidamente el comportamiento estructural de comparativas y consecutivas, comprobaremos que ambas comparten con las oraciones de relativo varias características esenciales:

a) en los tres tipos (adjetivas, comparativas y consecutivas) se percibe la presencia de un relativo *que* con antecedente: en las relativas la oración transpuesta funciona como adjetivo dependiente; en las comparativo-consecutivas la oración adjetiva depende de un *cuantificador* (adjetivo o adverbio)

b) ninguna de estas tres especies oracionales mantiene relación directa con el verbo nuclear, sino que junto con su antecedente desempeñan uno de los oficios determinantes del núcleo verbal:

- *Se miente **más** (que se engaña)* Adyacente circunstancial [más *que se engaña*]

- *Es meta **tan** alejada (que nadie puede temer alcanzarla)* Adyacente adjetivo (S. Adjetival [***tan** alejada que nadie puede temer alcanzarla*]

c) las estructuras comparativas y consecutivas son formas oracionales adyacentes (adjetivas), ya que si las suprimimos la expresión resultante sigue siendo posible:

- *Se miente **más***

- *Es meta **tan** alejada...* (con entonación suspendida o ascendente)

  Si eliminamos, en cambio, los cuantificadores se obtienen secuencias improbables (agramaticales):

  - **Se miente que se engaña*

  - **Es meta que nadie puede temer alcanzarla*

Como característica específica común a comparativas y consecutivas, ambas construcciones están formadas por un elemento de carácter **cuantificativo** (*tan, más, hasta tal punto...*) y un correlato encabezado por diversos tipos de partículas relativas (pronombres, adverbios): *como, que,* etc.

En el marco del funcionalismo de Alarcos, tales estructuras fueron explicadas inicialmente como construcciones paratácticas (de coordinación) (semejanza con la conjunción "y"), para lo que el propio Alarcos postulaba la existencia de un QUE3, propio de las comparativas y consecutivas: se trataría de una conjunción que une segmentos equifuncionales de cuantificación diferente y que exige la presencia del cuantificador oportuno en el segmento precedente.

Sin embargo, dentro de la propia escuela de Alarcos, la presencia de un elemento correlativo (*que, de, cual, cuanto, como*, etc.) hace que algunos autores consideren las comparativas y consecutivas como variantes de las relativas (J.A. Martínez, 1985; Álvarez Martínez, 1987). Finalmente, Alarcos (1994: 341) cambia de perspectiva y retoma la idea de sus discípulos en torno a un QUE2 en las construcciones comparativas y consecutivas: "las comparativas y las consecutivas (...) son oraciones degradadas, análogas a las relativas, con la diferencia de que su llamado antecedente es un cuantificador o una unidad cuantificada".

11.4.3.1. Las Adverbiales Comparativas como subespecie de las construcciones de relativo

Asumimos, pues, las construcciones comparativas como subespecie de oraciones de relativo que contienen una oración adjetiva encabezada por un elemento relativo y un antecedente de naturaleza cuantitativa. Sus características específicas se explican a continuación.

11.4.3.1.1. Definición

La caracterización de este tipo de construcciones es un capítulo abierto en la sintaxis de la subordinación del español (Vázquez, 1990):

- la presencia de un elemento correlativo (*que, de, cual, cuanto, como*, etc.) hace que algunos las consideren como variantes de las relativas (J.A. Martínez, 1985, J. Martínez, 1985 o Álvarez Martínez, 1987)

- para otros se trata de construcciones paratácticas (Alarcos, 1973): QUE3 de las comparativas y consecutivas, como nexo que une segmentos equifuncionalesde cuantificación diferente; ya hemos indicado previamente que Alarcos (1994) cambia de perspectiva y coincide con la idea de QUE2

- otros consideran que se trata de estructuras intermedias entre la subordinación y la coordinación (Hernández, 1967; Lavandera, 1971)

- otros asignan a estas construcciones las características propias de la *bipolaridad* sintáctica (Rojo, 1978, Narbona, 1983, 1989 y 1990)

El estudio de las construcciones comparativas exige tener en cuenta sus componentes y la relación entre estos; S. Gutiérrez (1992) distingue hasta ocho elementos integrantes:

- términos de comparación

- término subordinado de la comparación

- cuantificador comparativo

- núcleo de la comparación

- partícula comparativa

- rasgo comparado

- fondo común

- núcleo de la estructura comparativa

Por su parte la NGLE (2009) habla de los siguientes elementos integrantes:

- primer término de la comparación

- segundo término de la comparación

- cuantificador comparativo o grupo cuantificativo

- núcleo de la comparación

- complemento comparativo

- noción comparada

- expresión diferencial

Así, en el ejemplo *El árbol era mucho más alto que la casa,* los elementos de la comparación serían los que siguen:

- Primer término de la comparación: *el árbol*

- Segundo término de la comparación: *la casa*

- Grupo cuantificador: *mucho más alto*

- Núcleo de la comparación: *alto*

- Complemento comparativo: *que la casa*

- Noción comparada: "grado de altura"

- Expresión diferencial: *mucho*

Otra cuestión relevante en el estudio y caracterización de las construcciones comparativas es atender a la conexión semántica entre comparativas y modales. Hay, al respecto un factor corrector: en las adverbiales modales con

COMO no se presenta como factor determinante de la relación sintáctica la idea de **cantidad**, que sí se expresa en cambio en el primer término de la correlación comparativa (Lope Blanch, 1995:95): *Juan vive como puede / Juan vive tan bien como puede.*

No hay que olvidar tampoco el peso de la *elipsis* como factor estructural frecuente en las construcciones comparativas en virtud de la economía lingüística, de modo que la construcción "comparativa" puede no tener expresos los elementos repetidos del primer segmento: *Mi hermano lee más libros que novelas (lee)*

Por lo demás, a nivel semántico y expresivo las comparativas son construcciones especialmente útiles como recurso de ponderación o realce expresivo, lográndose mejor incluso estos efectos cuando se prescinde del segundo término de la comparación: *Eres más idiota...* Esta idea de valoración cualitativa o cuantitativa a que apuntan las comparativas les otorga un aspecto semántico similar al de las consecutivas de intensidad (Narbona, 1990:73)

11.4.3.1.2. Clases y estructura

Pueden diferenciarse tres clases de construcciones: comparativas de superioridad, de igualdad y de inferioridad.

- COMPARATIVAS DE SUPERIORIDAD

Funcionan conjuntamente manteniendo relación con el verbo nuclear y se insertan dentro de un grupo nominal unitario. Presentan diversas estructuras posibles:

a) **más** como adyacente autónomo circunstancial:

    *tú de eso sabes **más** que yo*

                aditamento

b) **más** como adyacente de sustantivo:

    *la longevidad ha malogrado a **más** románticos que la muerte misma*

                                 implemento

c) **más** como adyacente de adjetivo:

    *es **más** difícil*   *andar con dos pies*   *que caer en cuatro*

      atributo   sujeto   atributo

d) **más** como adyacente de adverbio:

*algunas veces llega **más** <u>*alto que las copas de las acacias*</u>*

   aditamento

- COMPARATIVAS DE IGUALDAD

Funcionan conjuntamente manteniendo relación con el verbo nuclear y se insertan dentro de un grupo nominal unitario. Presentan diversas estructuras posibles:

a) **Tanto** como adyacente autónomo circunstancial:

<u>**Tanto**</u>   *daba la lástima* <u>*como el odio*</u>

aditamento   aditamento

b) **tanto, -a, -os, as** como adyacente de sustantivo:

*Indicaba **tanto** <u>oficio como experiencia</u>*

   implemento

c) **tan** como adyacente de adjetivo:

*Yo no encuentro esa ciudad **tan** <u>árabe como dicen</u>*

   atributo del CD

d) **tan** como adyacente de adverbio:

*Vive **tan** <u>lejos como tu primo Daniel</u>*

   aditamento

- COMPARATIVAS DE INFERIORIDAD

Funcionan conjuntamente manteniendo relación con el verbo nuclear y se insertan dentro de un grupo nominal unitario. Presentan diversas estructuras posibles:

a) **menos** como adyacente autónomo circunstancial:

*Generalmente los pobres viven **menos** <u>que los ricos</u>*

   aditamento

b) **menos** como adyacente de sustantivo:

*Luisa tiene **menos** <u>gracia que un peón caminero</u>*

   Implemento

c) **menos** como adyacente de adjetivo:

*Tu insulto ha sido **menos** <u>ofensivo que inesperado</u>*

   atributo

176

d) **menos** como adyacente de adverbio:

*Ayer llovió **menos** intensamente que el jueves pasado*

aditamento

11.4.3.2. Las Adverbiales Consecutivas como subespecie de las construcciones de relativo

Asumimos las construcciones consecutivas como subespecie de oraciones de relativo que contienen una oración adjetiva encabezada por un elemento relativo y un antecedente de naturaleza cuantitativa. Sus características específicas se explican a continuación.

11.4.3.2.1. Definición

Han sido descritas por las gramáticas españolas sobre la base de criterios semánticos, lo que ha conducido a la agrupación bajo un mismo epígrafe descriptivo de estructuras no siempre similares desde el punto de vista sintáctico. Se han distinguido así dos subtipos de consecutivas:

a) En función de sus conjunciones y locuciones conjuntivas más usuales, donde actuarían nexos como *pues, luego, conque, por consiguiente,* etc.; este subtipo se encuadra entre las oraciones *coordinadas consecutivas*, pero sus nexos deben ser vistos más bien como *enlaces extraoracionales* (Gili Gaya, 1976; Fuentes Rodríguez, 1987), *marcadores discursivos* (D. Schiffrin, 1987) o *conectores textuales* (Halliday y Hasan, 1976)

b) Según la forma en que el hablante presenta la relación efecto-consecuencia, esto es, incluyendo o no la idea de cantidad como determinante inmediata de la consecuencia (Lope Blanch, 1995:94); este subtipo pertenece al ámbito de la *bipolaridad* sintáctica (Rojo, 1978; Narbona, 1978, 1983, 1989 y 1990; Briz, 1991 y 1992). Narbona (1990: 76) distingue entre **consecutivas de cantidad**: *La vida está tan calculada que las cosas se hacen maquinalmente;* y **consecutivas de manera**: *Explica las cosas de tal forma que todos se enteran perfectamente.* Por su parte, la NGLE (2009) habla de las **consecutivas ponderativas** como construcciones de tipo cuantificativo que se forman con los cuantificadores *tanto* y *tal* con sus variantes, seguidos de una oración encabezada por *que*. De este modo, en las construcciones consecutivas ponderativas se expresa el hecho de que cierto número, cierta cantidad o cierto grado alcanzan un rango o un nivel extremo, de forma que se obtiene como consecuencia el estado de cosas, también extremo, denotado por la oración subordinada: *Hacían tanto ruido que tuvimos que llamar a la policía; Tan felices se sentían que no se daban cuenta de que todos los miraban.*

Ambas visiones (a y b) son discutidas por la escuela funcionalista de Alarcos. Aunque inicialmente las consecutivas se ven como estructuras coordinadas por un QUE3, posteriormente, se observa una divergencia descriptiva entre los propios funcionalistas: J. A. Martínez (1985) y J. Martínez (1985) no hablan como Alarcos de QUE3, sino de un QUE2 relativo, cuya función es la de *aditamento inmovilizado*, y cuyo *antecedente* es un adverbio o un adjetivo cuantificadores. Coinciden con esta idea M.A. Álvarez (1987), C. Hernández Alonso (1967), (1984a) y (1984b) o A. I. Álvarez Menéndez (1989, 1990a y 1990b, 1995:14 y ss.). En su Gramática de 1994 §405 Alarcos se suma a la línea explicativa de las consecutivas como subtipo de las adjetivas de relativo.

Por su naturaleza semántica, las construcciones consecutivas mantienen relaciones, a diversos niveles, con otras estructuras adverbiales ("impropias") o bipolares:

- Desde un punto de vista **lógico** la consecutiva puede explicarse como *inversión de la causal*: inversión de los términos (A) y (B) en *Pedro está tan gordo* (A) *que no puede correr* (B) / *Pedro no puede correr* (B) *porque está muy gordo* (A); o confluencia de construcciones en *Pedro no puede correr de tan gordo que está*
- La conexión entre las consecutivas de intensidad y las comparativas se basa en su **parentesco histórico** (Narbona, 1978 o 1990:78; F. Rivera, 1985 o J. A. Martínez, 1985)

11.4.3.2.2. Clases y estructura

Desde el punto de vista de su estructura, los **antecedentes** encarecedores de las consecutivas pueden ser:

- **Tanto** (y sus variaciones de género y número): *Se le vinieron **tantas** lágrimas a los ojos que tuvo que callar*
- **Tan** (adyacente de adjetivo o adverbio y locución adverbial): *Ninguno de los presentes fue **tan** tonto que lo pensara; **Tan** lejos llegó su memoria que nadie pudo ya olvidarlo; **Tan** a pecho se tomó el asunto que acabó por enfermar*
- **Tal** (y su plural): *Tenía **tales** remordimientos que no podía dormir*

Otros medios de encarecimiento: **cada**, **un** (y sus variantes) y **una de** (locución ponderativa).

Independientemente de la descripción y comentario de los esquemas construccionales consecutivos usuales, deben ser considerados como igualmente relevantes los factores prosódicos (como en general en todas las relaciones bipolares), especialmente la ***entonación***, capaz, por sí sola, de mantener la relación consecutiva a pesar de la eliminación del primer término de la correlación (algo por otra parte muy frecuente en el discurso hablado): *La oposición está↑ que arde*; donde no hay propiamente una estructura sintáctica consecutiva (no hay antecedente del *que* relativo de "que arde"), pero sí se mantiene el sentido cuantitativo-ponderativo gracias a la entonación ascendente peculiar del primer miembro. En este sentido, para la NGLE (2009) en el habla conversacional se omite en ocasiones todo el grupo cuantificativo, como en *Está que trina* ('… tan enojado…'); *Baila que llama la atención* ('… tan bien…').

11.5. Infinitivo y oración de relativo

En ocasiones la presencia del infinito en la oración de relativo puede dificultar su interpretación o análisis como oración adjetiva. ¿Cuáles son, pues, las condiciones de aparición del infinitivo en la oración de relativo? Podemos estudiar este asunto a partir del ejemplo *No tenía un mal mendrugo de pan que llevarse a la boca.* En estos casos, para Alarcos existe un núcleo verbal complejo en la oración de relativo (con un verbo modal PODER, DEBER, etc. elidido que acompaña al infinitivo): *No tenía un mal mendrugo de pan que **(pudiera)** llevarse a la boca.*

En consecuencia, se trata de oraciones adjetivas con verbo modal elidido donde el supuesto infinitivo aislado va auxiliado en realidad por dicho verbo modal tácito.

11.6. Aspectos gramaticales particulares en las oraciones adjetivas

Algunas cuestiones gramaticales particulares de las oraciones adjetivas tienen que ver con la *concordancia* o con el uso de *modos* y *tiempos* verbales.

11.6.1. Concordancia del relativo y deixis

En oraciones como *Tú eres la que dijo / dijiste eso* se manifiesta una doble opción de construcción. Ambas posibilidades son correctas, con la diferencia de que la concordancia entre el relativo y el verbo de la oración adjetiva en 3ª persona representa un tipo de concordancia más gramatical-objetiva, mientras que la concordancia entre el verbo de la oración adjetiva y el sujeto del enunciado conlleva una interpretación más pragmática-subjetiva.

11.6.2. Modo y tiempo en la oración de relativo

En la elección del modo verbal de una oración adjetiva de relativo puede influir el enfoque del enunciador hacia lo dicho:

- Realidad/constatación: uso del indicativo (*Los niños que tienen prisa pueden marcharse*; hay constancia por parte del enunciador de que hay niños que tienen prisa)
- Deseo/irrealidad/subjetividad: uso del subjuntivo (*Los niños que tengan prisa pueden marcharse*; no hay constancia por parte del enunciador de que haya niños con prisa, pero es una posibilidad)

Otro problema que afecta a la morfosintaxis verbal (esta vez modal y temporal a la vez) en las oraciones adjetivas tiene que ver con la referencia temporal de las mismas:

- Si la oración de relativo se refiere al futuro, el verbo de la oración de relativo deberá estar en presente de subjuntivo: *Recordaré lo que digas*
- Si la oración de relativo se refiere al presente (o pasado) el verbo de la oración de relativo deberá estar en indicativo: *Recordaré lo que dices / dijiste*

CAPÍTULO 12. ORACIONES "SUBORDINADAS" ADVERBIALES

12.1. Definición

12.1.1. Problemas asociados

12.1.2. Alternativas

12.1.2.1. Oraciones adverbiales en el Esbozo de la RAE

12.1.2.2. Oraciones adverbiales en el funcionalismo de Alarcos

12.1.2.3. De las adverbiales impropias a las bipolares: Rojo y Narbona

12.1.2.4. Oraciones adverbiales y NGLE (2009)

12.2. Clasificación y estudio: oraciones adverbiales propias e impropias

12.2.1. Oraciones adverbiales propias: oraciones adverbiales propiamente dichas

12.2.1.1. Oraciones adverbiales de lugar

12.2.1.2. Oraciones adverbiales de tiempo

12.2.1.3. Oraciones adverbiales de modo

12.2.2. Oraciones adverbiales "impropias": oraciones bipolares

12.2.2.1. Bipolares causales

12.2.2.1.1. Afinidad con las finales

12.2.2.1.2. Problemas formales

12.2.2.1.3. Causales del enunciado y causales de la enunciación

12.2.2.2. Bipolares finales

12.2.2.2.1. Afinidad con las causales

12.2.2.2.2. Problemas formales

12.2.2.2.3. Morfosintaxis verbal en las oraciones finales

12.2.2.2.4. La expresión de finalidad y el realce

12.2.2.3. Bipolares condicionales

12.2.2.3.1. Tipos de oraciones condicionales

12.2.2.3.2. Marcas gramaticales, expresiones y giros con sentido condicional

12.2.2.3.3. Formas no personales del verbo y sentido condicional

12.2.2.3.4. Algunos problemas de identificación de las condicionales

12.2.2.4. Bipolares concesivas

12.2.2.4.1. La noción de concesividad

12.2.2.4.2. Concesivas y adversativas

12.1. Definición

La sintaxis española se enfrenta a un serio problema teórico, descriptivo y clasificatorio, al abordar el estudio de las tradicionalmente llamadas "oraciones subordinadas adverbiales", así etiquetadas por Cejador (1905:398-399) porque "completan al predicado declarando sus circunstancias de causa, espacio, tiempo, modo...". En realidad las vacilaciones y discusiones teóricas planteadas al describir estos tipos oracionales se derivan de la categoría misma a la que supuestamente se equiparan funcionalmente, el adverbio, o lo que es lo mismo, la función de circunstante o aditamento que, como es sabido, constituye de suyo una función oracional delimitada confusamente entre nuestros gramáticos (véase al respecto el Capítulo 4, apartado 4.3.5.).

12.1.1. Problemas asociados

Se dice, genéricamente, que las oraciones adverbiales realizan las funciones de los adverbios: **complemento circunstancial** (*Era feliz **cuando vivía en Málaga***) o **modificador oracional** (*Si llueve, llévate el paraguas*), aunque en este último caso no podría haber alternancia con un adverbio. De cualquier manera, las subordinadas adverbiales conforman una clase muy heterogénea:

- **Funcionalmente**, hay oraciones adverbiales que parecen desempeñar una función sustantiva, como término de preposición (*Fuimos por donde nos dijiste*)
- **Semánticamente** hablando, no parece haber una noción semántica común que englobe a todas las clases de estas oraciones
- A nivel **formal**, las subordinadas adverbiales pueden estar introducidas por elementos subordinantes muy diversos en su origen: *conjunciones, locuciones conjuntivas, adverbios relativos...*

En definitiva, por su forma, función y significado las oraciones adverbiales constituyen un problema para la gramática en general y para la sintaxis de la oración compleja en particular.

En otro sentido, la visión de estas oraciones como equivalentes funcionales de adverbios no es aceptada totalmente; se considera aceptable en el caso de las adverbiales de lugar, tiempo y modo (Gili Gaya, 1976:cap. XXIII), teniendo en cuenta que existen adverbios de esta índole (y por eso se las denomina adverbiales propias), pero esta denominación resulta inadecuada para el resto de relaciones "adverbiales", ya que no existen adverbios que expresen por sí solos relaciones causales, finales, comparativas, consecutivas, condicionales o concesivas[30]..., por lo que deberían ser consideradas como adverbiales "impropias".

En definitiva, el estudio de las subordinadas adverbiales propias o impropias exige la delimitación de las fronteras funcionales entre estas y otras construcciones oracionales que las interfieren:

a) el problema de las "sustantivas en función de aditamento" (J. Martínez, 1985) o de complemento circunstancial (complementarias circunstanciales, según Gili Gaya) y la delimitación de su naturaleza adverbial o sustantiva (Marcos Marín, 1980 o Marcos Marín y otros, 1998:441)

b) el carácter coordinado o subordinado de las comparativas y consecutivas; algunos las conciben como una clase de **relativas** (Martínez Marín, 1978; J.A. Martínez, 1985 o M.A. Álvarez, 1987); en este sentido, la división en dos clases de oraciones consecutivas es rechazada por autores como Gili Gaya (1976:296-298), ya que considera que el sistema de conjunciones consecutivas latinas se perdió en el paso al castellano; las coordinadas consecutivas constituyen en realidad "enlaces extraoracionales"

c) la relación de conflicto con las subordinadas adjetivas introducidas por un adverbio relativo (o adjetivas "circunstanciales"; véase lo tratado sobre la subordinación adjetiva en el Capítulo 11, apartado 11.3.)

d) la existencia de abundantes construcciones alternativas, capaces de expresar las mismas relaciones "circunstanciales impropias", fuera de los esquemas convencionales (carecen de nexo, emplean nexos distintos a los habituales para la relación dada, etc.)

La RAE resume el problema de un modo bastante expeditivo en los dos párrafos siguientes:

---

[30] Obsérvese que para las comparativas y consecutivas ya se ha adoptado una decisión en este volumen, ya que se vinculan con la sintaxis de las oraciones adjetivas, como construcciones especiales que incluyen en su estructura una oración de relativo con antecedente cuantificador.

«El concepto de '**subordinación adverbial**' es en la actualidad sumamente polémico. Muchas de las oraciones llamadas *adverbiales* en la tradición pueden considerarse subordinadas sustantivas (…). Así sucede con las que complementan a ciertos adverbios, como *encima de llegar tarde, después de venir mi hermano,* y también con las que forman grupo con una preposición o locución preposicional no introducida por otra clase de palabras, como en *Con ir tú es suficiente; A pesar de ser rico, no era feliz.* Los infinitivos que se admiten en los complementos de *a fin de* o *con tal de* (*a fin de solucionar el problema, con tal de solucionar el problema*) alternan con subordinadas sustantivas de verbo personal (*a fin de que se solucione el problema*), pero más difícilmente con grupos nominales o pronombres.» (MNGLE, 2010: §26.5.4).

«El tercer grupo de oraciones subordinadas, las **adverbiales** o **circunstanciales**, es el más polémico de los tres, hasta el punto de que son raras las gramáticas modernas que les dan cabida como unidades del análisis sintáctico. De hecho, el paralelismo con los adverbios en los que se basa esa denominación es inexacto y puede estar forzado, ya que no existen adverbios que puedan sustituir a las oraciones finales, concesivas, causales, etc. El problema no se resuelve sustituyendo el término *adverbial* por *circunstancial,* ya que las prótasis condicionales o concesivas no son complementos circunstanciales, sino que participan en estructuras bimembres (denominadas tradicionalmente *períodos*). Por otra parte, la clase de las subordinadas adverbiales da lugar a cruces, solapamientos o traslapes con otras clases de oraciones. Así, en *Este autor escribe como a mí me gustaría escribir,* la presencia del adverbio relativo *como* asimila el segmento subrayado a las relativas sin antecedente expreso (cf. *del modo como a mí me gustaría escribir*), a pesar de lo cual se considera tradicionalmente una subordinada adverbial. En esta obra se empleará el término *subordinación adverbial* cuando se desee recordar su contenido tradicional o abarcar conjuntamente el grupo que corresponde a estas oraciones en la tradición gramatical hispánica. También se aplicará el término *subordinada adverbial* a las oraciones subordinadas de gerundio, como en *Salió de la casa dando un portazo*» (NGLE, 2009, §1.7.3a,c).

12.1.2. Alternativas

La discutible distinción entre oraciones adverbiales propias e impropias lleva a los gramáticos a tratar de buscar alguna alternativa descriptiva.

12.1.2.1. Oraciones adverbiales en el Esbozo de la RAE.

El *Esbozo* tratando de evitar esta inconsecuencia terminológica prefiere hablar de oraciones *circunstanciales* antes que de adverbiales "impropias", aunque con ello no se resuelve el problema de su ubicación categorial y funcional: la función de aditamento no parece estar bien definida.

12.1.2.2. Oraciones adverbiales en el funcionalismo de Alarcos.

Para Alarcos (1994:354) las oraciones adverbiales son "oraciones transpuestas que cumplen las funciones propias del adverbio (o su equivalente sustantivo provisto de transpositores), es decir, las de adyacente circunstancial y de modificador o adyacente oracional".

En este sentido retoma la diferenciación entre propias e impropias para considerar una serie de particularidades distintivas entre ambas. Así, las adverbiales propias: "pueden funcionalmente ser sustituidas por un adverbio." (Alarcos, 1994: 357) y además manifiestan nociones temporales, locativas y modales, puesto que todas ellas poseen adverbios sustitutos. En cambio, las adverbiales impropias carecen de sustituto adverbial, ya que en el inventario de los adverbios no existe ninguno que denote las nociones de causa, fin, concesión, condición, etc.

En todo caso, para Alarcos (1994: 358) aunque en el caso de las adverbiales impropias no haya adverbios sustitutos sí existen grupos nominales en función adverbial que pueden representarlas:

- *Lo haré porque me conviene > Lo haré **por mi conveniencia***
- *Me voy para que se tranquilicen > Me voy **para su tranquilidad***
- *Si tuviera éxito, me alegraría > **En caso de éxito**, me alegraría*
- *Aunque esté cansado, no debe cejar > **Pese a su cansancio**, no debe cejar*

Por lo demás, en la propuesta de Alarcos (1994:354-357) la estructura interna de las adverbiales responde a los siguientes esquemas[31]:

1) Preposición + Que1 (dos transpositores): *hasta que, para que, sin que, porque*

2) Preposición + Relativo sin antecedente y/o con artículo: *para quienes vienen, para los que llegan*

3) Adverbios relativos sin antecedente (y *cuanto* con preposición): *donde, cuando, como*

4) Adverbio + Que1: *siempre que, mientras que, luego que, solo que, así que*

5) Locución prepositiva + Que1: *gracias a que, con el objeto de que, a pesar de que*

6) Participio (inmovilizado) + Que1: *puesto que, dado que, salvo que*

7) Otros transpositores: *si, apenas, mientras, conforme,* etc.

12.1.2.3. De las adverbiales impropias a las bipolares: Rojo y Narbona

Rojo (1978) o A. Narbona (1983), (1985), (1989) o (1990) consideran que el caso de las subordinadas adverbiales impropias es muy distinto del de las "propias": hay que considerarlas como casos de bipolaridad sintáctica, y no de integración como complementos de un verbo principal.

Así, por ejemplo, para Rojo (1978:124) "no es posible dar cuenta de las causales o de las condicionales hablando de una *principal* y una *subordinada.* En oraciones como estas, los dos elementos se exigen mutuamente, no se puede concebir el uno sin el otro. Se trata, pues, de dos constantes y, en consecuencia, existe entre ambos la relación llamada 'interdependencia' por los glosemáticos (...), aquí hablamos de interordinacion".

Por su parte Narbona (1990: 29-30) comparte la idea de bipolaridad de Rojo, precisando algunos aspectos:

- No hay una, sino varias clases de relaciones bipolares

---

[31] Obsérvese que algunas de estas estructuras han sido discutidas en los capítulos 10 y 11 previos, si bien aquí, a título ilustrativo, presentamos la propuesta completa de Alarcos con respecto a la estructura de las oraciones adverbiales.

- En la estructuración bipolar existe interrelación sintáctico-semántica entre los dos miembros
- Importa contemplar simultáneamente las relaciones sintácticas conectivas y las funcionales (revelan el vínculo y el todo resultante), por ejemplo: *si,* condicionante-condicionado, condición
- No hay que confundir la clase de relación que se expresa con los recursos (conjunciones, etc.) que se emplean

Por otra parte, para Narbona (1989:55) los llamados nexos o transpositores subordinantes no constituyen la marca de la bipolaridad, es decir, "la presencia de una determinada conjunción o locución conjuntiva no constituye la forma que soporta un concreto significado relacionante; es un elemento -importante, eso sí- que, solidariamente con otros, sirve de índice o marca de un significado complejo" (Narbona 1989: 101). Por este motivo, es rara "la conjunción que figura adscrita a una sola clase de subordinadas"(Narbona, 1990: 31):

- *Cuando:* temporal, condicional
- *Como*: modal, comparativas, causales, condicionales, concesivas

Asimismo, pueden existir distintas formas de expresión para un mismo sentido; por ejemplo, para expresar valor condicional (Narbona 1989:56):

- *imperativo (Cállese, o no le doy de comer),*
- *que + subjuntivo (Que no lo noten, o estoy perdido),*
- *de + infinitivo compuesto (De no haberse casado…),*
- *gerundio (Haríamos un buen negocio quedándonos con él)*
- *…*

Hay, en definitiva, una serie de marcas que actúan solidariamente con los nexos o "transpositores" (que obviamente, no funcionan como tales). Particularmente, la forma verbal. Para Narbona (1989:103) de hecho, la forma verbal no tiene solo un papel complementario, sino que conjunción y modo/tiempo verbal responden a una misma intención comunicativa.

Pero además de la forma verbal, solidaria con las palabras o marcas "conjuntivas" gramaticales, deben tenerse en cuenta de forma prioritaria las relaciones secuenciales y los recursos prosódicos. El distinto orden de los miembros y la diferente configuración de la curva melódica pueden condicionar la interpretación semántica de la relación bipolar:

- *¿Por qué no te marchas, aunque no te paguen este mes? / Te voy a decir lo que pasó, para que veas que la cosa no es tan sencilla* (JUSTIFICACIÓN)

- *Aunque no te paguen este mes, ¿por qué no te marchas? / Para que veas que la cosa no es tan sencilla, te voy a decir lo que pasó* (ADVERTENCIA / CORRECCIÓN)

En definitiva, para resumir las aportaciones de Rojo y Narbona, en general, las relaciones expresadas por las consideradas como adverbiales "impropias" son en rigor relaciones de bipolaridad donde el papel del "nexo conjuntivo" no es primordial, y donde cobran especial relevancia los aspectos secuenciales (alternancia en el orden) y los recursos prosódicos. Así pues, el análisis de los nexos conectivos no agota la descripción de las relaciones de bipolaridad (contra lo defendido por algunos funcionalistas como M.A. Álvarez, 1987 o J. Martínez, 1985): hay que asumir otros rasgos lingüísticos como el orden, la prosodia, la correlación verbal, etc.

12.1.2.4. Oraciones adverbiales y NGLE (2009)

La NGLE (2009), partiendo del criterio categorial y endocéntrico, ha abandonado prácticamente la etiqueta *subordinada adverbial,* que emplea en escasas ocasiones para referirse al uso más tradicional. Distingue así:

- Adverbiales propias, que no denomina así y que en realidad considera como relativas sin antecedente expreso

- Adverbiales impropias, que tampoco denomina así, y que etiqueta meramente como "construcciones", lo que conduce a una evidente indefinición con respecto a las relaciones sintácticas que pueden configurar

Por las razones ya apuntadas anteriormente en los Capítulos 10 y 11, esta posición de la RAE no será la que aquí defendamos, por lo que seguiremos hablando de oraciones adverbiales en sentido estricto (y no de relativas libres con COMO/CUANDO/DONDE) y de oraciones bipolares, tomando como referencia, con algunas salvedades, las propuestas de Rojo y Narbona.

12.2. Clasificación y estudio: oraciones adverbiales propias e impropias

Mantenemos la denominación de este epígrafe a pesar de la controversia que domina, como hemos visto previamente, la diferenciación entre oraciones adverbiales propias e impropias.

A efectos prácticos esta dualidad nos permite centrar la distinción que vamos a sostener a partir de aquí: entendemos que las **adverbiales propias** deben ser consideradas como adverbiales en sentido estricto, por lo que hablaremos en adelante de **oraciones adverbiales**, sin más, para referirnos a las oraciones adverbiales de *lugar, tiempo* y *modo*, las únicas que pueden tener realmente un equivalente léxico adverbial y que, en consecuencia, pueden responder de modo completo al principio de transposición funcional.

Por su parte, las denominadas **adverbiales "impropias"** son en realidad estructuras semánticamente interdependientes que poseen siempre dos únicos miembros mutuamente exigidos. Su descripción debe hacerse, pues, desde una perspectiva tanto sintáctica como semántica, por lo que parece muy apropiada la identificación de estas oraciones como "bipolares", tal como defienden Rojo y Narbona. Dentro de este grupo consideraremos aquellas oraciones adverbiales impropias que la gramática tradicional ha etiquetado como oraciones de relación *causativa*, y únicamente estas: *causales, finales, condicionales* y *concesivas*. Las *comparativas* y *consecutivas* (según la gramática tradicional, adverbiales "impropias" de relación *cuantitativa*) ya han sido descritas en el ámbito de las oraciones adjetivas (Capítulo 11), y las adversativas, por las razones ya apuntadas en el Capítulo 8, serán consideradas como coordinadas.

12.2.1. Oraciones adverbiales propias: oraciones adverbiales propiamente dichas

A lo largo de la tradición gramatical, como ya hemos venido apuntado, se manifiestan disensiones en su tipología:

- Alarcos (1994:357-359) considera que sólo las locativas, temporales y modales serían adverbiales propiamente dichas, enlazando con la perspectiva más tradicional de Gili Gaya (1976:312-317) [oraciones de carácter circunstancial]

- J. A. Martínez (1994:68 y ss.) considera que locativas, temporales, modales, cuantitativas, comparativas, consecutivas, causales, finales, condicionales y concesivas son todas ellas *adverbiales* (aun cuando algunas de ellas, como comparativas y consecutivas, no admitan sustitución por un adverbio ni siquiera por un SP en función de aditamento); ahora bien, para este autor, comparativas y consecutivas ocupan un estatus especial: categorialmente hablando deben incluirse entre las oraciones de relativo, ya que su antecedente es un adverbio generalmente cuantitativo que funciona como aditamento y transfiere su función al relativo.

Por lo demás, como ya hemos reiterado, para la NGLE (2009:1595) todas las oraciones adverbiales (propiamente dichas) son relativas con antecedente implícito (o libres), ya que a su entender "predomina hoy el análisis de las relativas libres como grupos sintácticos (nominales o preposicional) que incorporan léxicamente el significado de su antecedente, de forma que este denota personas, cosas, tiempos, lugares o modos". Se pretende eliminar así la tradicional ambivalencia de que sean consideradas oraciones adverbiales, pero estén encabezadas por un relativo. No parece, sin embargo, contradictorio que una palabra pueda tener un determinado origen histórico y dos o más usos funcionales específicos: DONDE/COMO/CUANDO tienen efectivamente un origen relativo (y de hecho pueden funcionar como transpositores de oración a la función adjetiva), pero ello no impide que puedan funcionar también como transpositores de oración a la función adverbial si su especialización gramatical les lleva a eso.

En conclusión, las subordinadas adverbiales propiamente dichas son las de tiempo, lugar y modo, ya que solo estas admiten sustitución por un adverbio en función de aditamento.

12.2.1.1. Oraciones adverbiales de lugar

Su transpositor es DONDE (o ADONDE), sin antecedente, por lo que la oración adverbial funciona, a priori, como aditamento de lugar: *Donde vive Juan no hay alcantarillado*. Puede funcionar también como:

- apósito (aposición) de un adverbio de lugar: *Viajaremos allí **donde los hombres viven***
- término de preposición: *Váyase por **donde ha venido***

Donde puede tener también un valor prepositivo (= en la casa de, cerca de, al lado de...): *Mi primo vive donde tu hermano*. En este caso no se puede hablar de oración adverbial.

12.2.1.2. Oraciones adverbiales de tiempo

Las oraciones adverbiales de tiempo pueden construirse mediante el empleo de un transpositor:

- CUANDO: *Cuando me zambullí, el agua estaba tibia*
- Adverbios o locuciones adverbiales con QUE (SIEMPRE QUE, ANTES QUE, DESPUÉS QUE, UNA VEZ (QUE)): *¿Por qué recuerdo esta frase siempre que veo los retratos? / Desde que hago deporte, me encuentro mejor*
- Otros adverbios o locuciones adverbiales sin QUE (MIENTRAS, APENAS, EN CUANTO...): *En cuanto se ponga bien, nos iremos a la playa / Mientras tú preparas la cena, yo duermo a Juan.*

También hay oraciones adverbiales de tiempo que no requieren del empleo de un transpositor para su formación. Se recurre en estos casos a otros mecanismos formales:

- Oración unimembre con HACER: *Mi abuelo murió **hace muchos años***
- Construcción de gerundio: *El homicidio se produjo **estando ausente el dueño de la casa***
- Construcciones absolutas con sujeto independiente y predicado verbal: ***Dicho esto**, el profesor se marchó del aula con cara de circunstancias*

Cuando puede tener ambién tiene valor prepositivo: *Cuando la primavera, regresaré de nuevo con mis poesías.* En este caso no se puede hablar de oración adverbial.

12.2.1.3. Oraciones adverbiales de modo

Pueden construirse con un encabezador/transpositor:

- Relativos COMO, CUAL, y otros términos como CONFORME, SEGÚN, etc.: *Hizo todo como debía ser*

  Otra posibilidad es que la oración adverbial de modo presente elipsis verbal porque su verbo es el mismo que el de la oración principal: *Es urgente que hable contigo como un padre con su hijo (**habla**)*

También pueden construirse sin encabezador/transpositor:

- Gerundio conjunto absoluto: *Varios chiquillos saltaban **dando gritos por entre los naranjos***

12.2.2. Oraciones adverbiales "impropias": oraciones bipolares

En general representan relaciones de bipolaridad donde el papel del "nexo conjuntivo" no es siempre factor determinante, y donde cobran especial relevancia los aspectos secuenciales y los recursos prosódicos en su caracterización (G. Rojo, 1978).

Las gramáticas tradicionales distinguen dos grupos, las de relación *cuantitativa*, y las de relación *causativa* (Gili Gaya, 1976:312). Entre las primeras se incluirían las *comparativas* y las *consecutivas* (que ya hemos descartado de nuestro análisis como adverbiales) entre las segundas las *causales, finales, condicionales* y *concesivas*.

Este tipo de relaciones abundan en el coloquio espontáneo, puesto que la bipolaridad sintáctica constituye un buen recurso para marcar la tensión entre expresión y contenido, para hacer más expresivo el mensaje, ya que ofrecen una sintaxis "menos trabada" pero más "intencional" cuya función clave es la interdependencia (A. Narbona, 1989 y 1990).

En rigor, pues, las oraciones bipolares se corresponden, como veremos, con las adverbiales impropias de relación causativa. En este sentido, las construcciones de relación causativa unen un segmento que expresa **causa** y otro que denota **efecto**, a través de una premisa o **supuesto** implícito compartido:

Supuesto compartido: 'los días de fiesta no se trabaja'
Causal: Puesto que hoy es fiesta [causa], María no trabaja [efecto]
Condicional: Si hoy es fiesta [causa hipotética], María no trabaja [efecto]
Concesiva: Aunque mañana es fiesta [causa ineficiente], María trabaja [efecto no conseguido]

12.2.2.1. Bipolares causales

Las que aquí hemos identificado como causales corresponden con:

a) Adverbiales de relación causativa (Gili Gaya, 1946)

b) Subordinadas circunstanciales (Esbozo, 1973)

c) Adverbiales con función adyacente (aditamento) / Sustantivas con QUE1 precedido de preposición (Alarcos 1973, 1994)

d) Construcciones u oraciones causales (NGLE 2009)

Hablamos, pues, de oraciones bipolares causales.

12.2.2.1.1. Afinidad con las finales

El estudio de las oraciones de causa guarda muchos puntos de afinidad con las de finalidad: en ambos casos se halla implícito un valor de *causatividad.*

De hecho, todas las bipolares, exceptuadas las comparativas (Narbona, 1990:41) manifiestan esa proximidad a la idea de causatividad: pueden relacionarse las estructuras causales y finales, causales y consecutivas, casuales y condicionales, y casuales y concesivas.

12.2.2.1.2. Problemas formales

Desde el punto de vista formal existe una serie de marcas de bipolaridad causal que podemos identificar en tres ámbitos:

a) "Conjunciones" causales: *porque, pues*

b) "Locuciones conjuntivas" causales: *puesto que, supuesto que, dado (que), visto (que), habida cuenta de (que), debido a (que)*

c) "Locuciones prepositivas causales": *a causa de, a fuerza de, con motivo de, en razón de, en virtud de, en vista de, por causa de, por razón de*

Además de los nexos, contribuyen a configurar las causales otros recursos: el orden y disposición de los miembros, la existencia o no de pausa entre ellos, etc. (Narbona 1990:49).

12.2.2.1.3. Causales del enunciado y causales de la enunciación

En el análisis de las causales hay que diferenciar entre causa *real* y causa *lógica*:

a) causa real: la oración causal expresa la causa que explica lo dicho por el verbo principal y sus argumentos, de modo que las marcas gramaticales de causalidad ligan las dos oraciones entre sí

b) causa lógica: la oración causal expresa la causa de que el hablante enuncie una relación causal; en este caso, las marcas gramaticales ligan oraciones independientes (coordinación)

En el primer caso, Bello (§991), con una denominación que después recoge Lapesa (1978), habla de *causales del enunciado (causa real)*: *El suelo está mojado porque ha llovido*. Para las segundas se habla de *causales de la enunciación (causa lógica): Ha llovido, porque el suelo está mojado*. S. García (1996) denomina Causales integradas a las Causales del enunciado, y Causales extrapredicativas a las Causales de la enunciación.

A su vez, Marcos Marín (1979 y 1980:389 y ss.) dentro de las causales del enunciado diferencia entre *causales de causa necesaria*: *Los cuerpos caen porque existe la fuerza de la gravedad;* y *causales del enunciado* propiamente dichas.

Para Narbona (1990:48), las únicas que podemos aceptar realmente como bipolares causales son las del enunciado, mientras que las de la enunciación son secuencias explicativas: el emisor más que expresar una causa lógica, lo que pretende con la "causal" es explicar, justificar, de manera que tal proposición es un apoyo para enunciar lo expresado en el otro miembro: *Ha llovido, porque el suelo está mojado.*

Vera Luján (1984) por su parte entiende que más que de oraciones causales habría que hablar de la idea de **causalidad**, considerando esta relación oracional desde una **base prototípica**, como construcción expresable de muy diversas formas, desde la mera sucesión de oraciones copulativas hasta la bipolaridad propia de las causales del enunciado.

La postura de la NGLE (2009) frente a este tipo de distinción es considerar las causales del enunciado como modificador interno al predicado, ya que especifican la causa de la acción o el estado de cosas que describe el predicado del que dependen. Por su parte las causales de la enunciación son modificadores externos al predicado, que introducen una explicación o una justificación de lo que se ha dicho o de lo que se va a decir.

Para ser más precisos la NGLE (2009) distingue los siguientes tipos de causales:

- **Causales del enunciado** (se enuncian sin pausas): pueden ser internas (*Se marchó porque tenía prisa*), o externas (*Llueve porque esta zona está cerca de la montaña*)
- **Causales de la enunciación**: son externas y expresan un acto verbal que se puede recuperar mediante un verbo de lengua o de juicio (*Llueve, porque la gente lleva paraguas> Digo que llueve porque la gente lleva paraguas*)
- **Causales explicativas**: son externas y van generalmente precedidas de una pausa (y de la coma que la representa), y con ellas se justifica por qué se considera correcto o adecuado lo expresado en la principal, de modo que constituyen recursos argumentativos en los que se omite un supuesto implícito (*Había que dejar las conclusiones de la reunión para el día siguiente, pues aún faltaban datos importantes*)

De acuerdo con la NGLE (2009) las principales diferencias entre las causales internas y las externas radican en lo siguiente:

a) Las internas pueden coordinarse entre sí: *A mí me trataba con deferencia, quizá porque estaba de paso y porque compartía su pasión por los libros*

b) Con las causales internas es posible responder a preguntas formuladas por el interrogativo *por qué: ¿Por qué te fuiste del cine? / Porque me aburría*

c) Las causales internas pueden ser focalizadas con fórmulas de relieve, al igual que los complementos causales no oracionales: *¿Es por eso por lo que no les aumento la dosis? / Es porque lo necesito (por lo) que estudio inglés*

12.2.2.2. Bipolares finales

Se corresponden con las denominadas tradicionalmente adverbiales impropias finales. Recuérdese la controversia generada en cuanto a su adscripción tipológica entre los diversos autores:

a) Sustantivas de CI (Gili Gaya 1976)

b) Subordinadas circunstanciales (Esbozo 1973)

c) Sustantivas con presencia de un QUE1 (oración con función de aditamento, según Alarcos 1994)

d) Construcciones u oraciones finales para la NGLE (2009)

Como queda dicho, aquí hablaremos de oraciones bipolares finales.

12.2.2.2.1. Afinidad con las causales

La finalidad constituye una noción afín a la causalidad, ya que establece una relación efecto > causa, considerada como virtual e intencional (García, 1996:63; Narbona, 1990:39). Lo más razonable es asociar su estudio con el de las causales, si bien el contenido final constituye una relación menos compleja, lo que se refleja en menor número de conjunciones y locuciones empleadas para su expresión.

Para la NGLE (2009), las construcciones finales más características denotan propósitos: *El señor Obispo personalmente me entregó dinero para que comprara yo los ingredientes* (Ibargüengoitia, *Atentado*).

Asimismo, para la NGLE (2009) la oración final puede funcionar como modificador interno del enunciado o como modificador externo. En el primer caso, expresa nociones que se corresponden con la de idea de finalidad (*Trabaja para ganar dinero*); en el segundo caso, no expresan el propósito de la acción designada por el verbo principal, sino que se manifiesta la finalidad que se persigue al enunciar algo: *Ya son las dos, para que te enteres / Te estás fumando dieciocho pesetas, para que lo sepas* (Belbel, *Caricias*).

12.2.2.2.2. Problemas formales

Desde el punto de vista formal existe una serie de marcas de bipolaridad final que podemos identificar en varios ámbitos:

a) **Conjunciones finales**: para + SN; para que + subjuntivo

b) **Locuciones conjuntivas finales:** *a fin de (que), con el objeto de, en orden a*

c) **Construcciones encabezadas por la preposición *a*:** *suben a ...*

12.2.2.2.3. Morfosintaxis verbal en las finales

El propósito implicado en la oración final es atribuible a personas (propósitos) y no a realidades, por lo que el modo empleado debe ser el **subjuntivo.** Cuando coinciden los sujetos de ambas cláusulas se emplea el infinitivo en la oración final: *Hemos venido para que aprendas sintaxis / Hemos venido para aprender sintaxis*

En cuanto a la *consecutio temporum* de los tiempos verbales en las bipolares finales, hay que prestar especial atención a la correspondencia temporal entre los dos miembros de la construcción final:

- ***Aprobaré*** *el examen para que* ***vengas*** *conmigo de vacaciones* (perspectiva de FUTURO)
- ***Aprobé*** *el examen para que* ***vinieras*** *conmigo de vacaciones* (perspectiva de PASADO)

12.2.2.2.4. La expresión de finalidad y el realce

A la intencionalidad de la construcción final hay que atribuir la posibilidad de tematización o realce de ciertas estructuras con final antepuesta: *Para que no digas que no cumplo mi palabra, te he aprobado.*

Estas estructuras son la base estructural de construcciones no específicamente finales - que emplean, no obstante, el nexo *para* -, en las que lo destacable es la idea de confrontación-tensión implícita en la bipolaridad sintáctica: *Para que veas tú el fútbol, veo yo la telenovela.*

12.2.2.3. Bipolares condicionales

El período condicional en español consta de dos elementos (cláusulas), entre los cuales parece manifestarse la relación apódosis-causa vs. prótasis-condición (así, en *Si me pagas te devolveré tu abrigo*, el pago sería causa o motivo de la devolución del abrigo):

Si le sube la fiebre , *báñese con agua*
prótasis (condición)   apódosis (consecuencia)

12.2.2.3.1. Tipos de condicionales

La clasificación tradicional de estas oraciones ha venido imitando los modelos latinos basados en la distinción entre condicionales reales, potenciales o contingentes, e irreales, fundamentada inicialmente en las diversas correspondencias verbales entre prótasis y apódosis. Sin embargo, en su paso del latín al castellano, tales estructuras han dejado de mantener la *consecutio temporum*, especialmente en el caso de las potenciales e irreales, al menos tal como se manifestaba en latín, por lo que la lengua ha usado como vehículo de expresión condicional otros recursos alternativos de naturaleza semántica (o lógico-semántica) y contextuales (Mondéjar, 1966; F. Marcos, 1983; Contreras, 1959 y 1963; Lope Blanch, 1985; M.L. Rivero, 1972 y 1977; Rojo-Montero, 1983; etc.). Hablamos, pues, de un tipo de relación sintáctica bipolar.

En todo caso, la tradición gramatical suele distinguir entre:

a) condicionales reales: se expresan hechos que se tienen por verdaderos o esperables (*Si no hay ruido, duermo bien*)

b) condicionales potenciales: aluden a sucesos que pueden tener lugar (*Si fuera rico, viviría aquí*)

c) condicionales irreales: en su caso la realización de la condición resulta imposible (*Si lo hubieras sabido, habrías ido*)

Por su parte, la NGLE (2009) distingue otras formas de condicionales, al menos desde el punto de vista de la nomenclatura:

- **Condicionales del enunciado**, que denotan causa hipotética: *Si me llaman, voy.*

- **Condicionales de la enunciación**, que expresan la causa que me permite decir o deducir algo: *Si usted me lo permite, yo no estoy de acuerdo.*

- **Pseudocondicionales**, que adoptan la forma de una condicional, pero no aportan una hipótesis: *Si él sabe algo de fútbol, yo soy Maradona.* Se puede incluir aquí el denominado *si* anunciativo (anticipación tematizadora de la completiva): *Si lo logró, nadie lo sabrá.*

- **Copulativas condicionales o de énfasis**: *Si alguien contó la noticia **fue** Laura*

12.2.2.3.2. Marcas gramaticales, expresiones y giros con sentido condicional

Una de las características formales más llamativas del periodo bipolar condicional es la enorme variedad de elementos gramaticales capaces de marcar relación de condicionalidad:

- Conjunciones: *si, como, mientras, cuando*
- Locuciones conjuntivas: *con tal (de) que, siempre que, siempre y cuando, a menos que, como no sea que, en caso de (que), a condición de (que)*, etc.
- Construcciones preposicionales (*de, para, a, con*) + infinitivo: *de haberlo sabido…*
- Construcciones absolutas de gerundio y participio: *Desalojado el edificio…; Teniendo trabajo…*
- Expresiones lexicalizadas: *yo que tú, a no ser que…*

12.2.2.3.3. Formas no personales del verbo y sentido condicional

Una de las posibilidades formales que ofrece el periodo bipolar condicional es la explotación de las formas no personales.

Sobre este asunto ha tratado con detalle Narbona (1990):

- *A ti, llevada al engaño por el egoísmo y por la codicia, **matarte sería hacerte mucho honor***
- ***Dejándose guiar**, será usted pronto uno de los nuestros*
- *Y no temamos dejar incompleta la obra: **puesto el germen de la verdad**, alguno lo incubará*

Así, el gerundio puede estar precedido de la preposición *en*, pero su sentido es de anterioridad inmediata, no propiamente condicional. Algo parecido sucede con *a* + infinitivo, que también suele citarse entre los giros condicionales; salvo algún caso especial, como *a no ser*, que suele figurar ya como locución fija (*a no ser que*), su sentido es temporal (*al morir el padre, los hijos empezaron a pelearse por la herencia*); la proximidad al valor condicional (*Todo su cuerpo, al*

200

arquearse, fijaría sus vehemencias en un mismo dardo) no deriva realmente de la combinación *a* + infinitivo.

De cualquier forma, es *de* + infinitivo la combinación con infinitivo más usada en contextos de sentido condicional: *De haberlo sabido, no habría (o hubiera) venido; De poderse hacer, tardaríamos unos cuatro meses.*

Por otro lado, al ser las formas no personales formas que no expresan por sí mismas tiempo ni modo ni persona, requieren ser interpretadas en su contexto. Así, la anterioridad implicada en el carácter perfectivo del participio y el significado de simultaneidad del gerundio facilitan dicha interpretación:

- *(Una vez)* **dado ese paso**, *todo resultaría mucho más fácil.*
- **Quedándonos con la parcela colindante**, *resolveríamos el problema del volumen de construcción.*

Por otra parte, con el gerundio se puede alcanzar condición (*Teniendo trabajo, está contento*), pero también sentido concesivo (*Sabiéndolo, se fue con él*).

En el caso del infinitivo sucede algo distinto. El sentido condicional no depende principalmente de su presencia, sino que deriva de la relación que las dos partes contraen entre sí y de la vinculación de ambas con el todo resultante. Así, en *De no haberlo ocupado él, lo hubiera (o habría) ocupado yo*, no hay relación condicional porque aparezca *de* + infinitivo (compuesto). Esto se puede comprobar al comparar dicha secuencia con *Estaba arrepentido de no haberlo ocupado.*

En definitiva, la correspondencia modal y temporal inducida desde la forma verbal personal (el potencial compuesto o pluscuamperfecto de subjuntivo en el ejemplo *De no haberlo ocupado él, lo* **hubiera (o habría) ocupado** *yo*), la disposición secuencial de los dos miembros, la pausa y la curva melódica se encargan de asegurar que la adecuada interpretación del ejemplo mencionado sea la de dependencia hipotética irreal.

12.2.2.3.4. Algunos problemas de identificación de las condicionales

Como aprecia Narbona (1990), no deben confundirse con períodos hipotéticos otras secuencias cuya aparente articulación bipolar (pausa intermedia) responde a una anticipación tematizadora de la completiva introducida por un *si* anunciativo: *Si lo logró, nadie lo sabrá; Si me he equivocado o no, a ti no te importa.* Compárense estos ejemplos con *Nadie sabrá si lo logró; No te importa si me he equivocado o no.*

Son estructuras muy propias del lenguaje conversacional espontáneo, que prefiere las articulaciones sintácticas parceladas. En estos casos no están descartados los futuros *Si lo conseguirá o no, es algo que aún no se puede saber,* lo que sí ocurre en la prótasis de las condicionales: * *Si lo conseguirá, me alegraré.*

12.2.2.4. Bipolares concesivas

Se consideran aquí las que en la gramática tradicional han sido llamadas oraciones adverbiales "impropias" concesivas. Como queda dicho, en nuestro enfoque son consideradas como una forma de oraciones bipolares.

12.2.2.4.1. La noción de concesividad

Como advierte Narbona (1990) no resulta fácil delimitar en términos idiomáticos el concepto de *concesividad,* que se da en enunciados tan diferentes como los siguientes:

- *No se lo daré aunque me lo pida de rodillas.*
- *Por más que te esfuerces, no me vas a convencer.*
- *Diga lo que diga tu hermano, no tienes razón.*
- *Con llorar, no vas a adelantar nada.*

El término *concesión,* en su acepción lógica de 'admisión' hace referencia a la existencia de una objeción, inconveniente o dificultad que se supera (resulta, por tanto, ineficaz); es decir, tal obstáculo no impide el cumplimiento o efectividad de lo expuesto por el otro miembro del período. Cabe interpretarla, pues, como *condición inoperante o insuficiente,* lo que se ve apoyado por el hecho de que hay expresiones de valor concesivo (o concesivo-hipotético) constituidas con *si: si bien, incluso si, aun si,* etc.: *Prácticamente el acuerdo está ultimado, si bien quedan algunos flecos por resolver.*

Por tanto, las oraciones degradadas con sentido concesivo expresan una objeción o dificultad para lo dicho en la otra oración, sin que ello impida su cumplimiento (Alarcos 1994: 373): *Aunque llueva, iré al parque.*

Puede decirse, pues, que el periodo concesivo encierra un razonamiento en el que la prótasis y la apódosis **apuntan a conclusiones opuestas**: *Aunque estaba cansada* (menor calidad del resultado = no actuar bien), *actuó muy bien* (Introduce una contraexpectativa).

La NGLE (2009), siguiendo con la distinción de enunciado y enunciación, reconoce dos grupos de concesivas:

- **Concesivas del enunciado.** La prótasis denota un obstáculo o una dificultad que no logra impedir lo expresado por la apódosis: *Aunque llovía, salió a caminar.*
- **Concesivas de la enunciación.** Suelen reclamar un verbo enunciativo: *Aunque tal vez sea tarde, (digo que) ese muchacho es inocente*

12.2.2.4.2. Concesivas y adversativas

Como señala Narbona (1990), *pero (que)* tuvo un significado concesivo en español medieval. Por su parte, para la Academia, *aunque* es adversativa en casos como: *Era* [el retrato] *de un hombre de edad indefinible, calvo aunque no del todo,* y, en cambio, es concesiva en: *Aunque fue Cuba el primer país de lengua española que construyó ferrocarriles, su red de comunicaciones terrestres es deficientísima.*

Existe, pues, cierto parentesco histórico y semántico entre las concesivas y adversativas. No es extraño, por ello, que se haya puesto en duda el carácter *coordinado* de las adversativas. Así, ciertos tratadistas actuales prefieren considerarlas como un tipo intermedio entre la coordinación y la subordinación, y otros (Rojo 1978; Rodríguez Sousa 1979) las sitúan abiertamente entre las bipolares; de hecho, no falta quien prefiere hablar de un único tipo *adversativo-concesivo* (Ramón Trives 1982).

De cualquier forma, Narbona (1990) precisa que la conformación idiomática entre un tipo y otro es diferente. Así, la relación *adversativa* se limita a contraponer dos estructuras predicativas, lo que requiere lógicamente una secuencialidad fija:

A pero B

Es caro, pero voy a comprármelo

Le ha hecho la vida imposible, pero continúa queriéndola.

La *concesividad,* en cambio, resulta más compleja, por encerrar o implicar una presuposición; la contraposición no se establece directamente entre los dos miembros del período, sino a través de la expectativa abierta por uno de ellos. Esto ayuda a entender que la secuencia que expresa el 'obstáculo' pueda situarse, en general, en una u otra posición sin alteración significativa de relieve:

(A) aunque B (A)

Aunque es caro, voy a comprármelo.

Voy a comprármelo, aunque es caro.

Aunque le ha hecho la vida imposible, continúa queriéndola.

Continúa queriéndola, aunque le ha hecho la vida imposible.

En definitiva, las diferencias entre adversativas y concesivas no son encuadrables en la dicotomía tradicional *coordinación/subordinación*, sino en una distinción entre bipolaridad *directa* o *no presuposicional* (*adversativas*) y bipolaridad *no directa* o *presuposicional* (*concesivas*). Por otro lado, tal diferencia no depende exclusivamente de las conjunciones; la conexión sintáctico-semántica que se establece entre los dos miembros del período y la vinculación de ambos con la totalidad resultante descansa en otros hechos relevantes.

Así, si tomamos dos de los ejemplos anteriores como ilustración:

- *Le ha hecho la vida imposible, pero continúa queriéndola*
- *Aunque le ha hecho la vida imposible, continúa queriéndola*

no significan «lo mismo». Observamos que, en el primer caso, la secuencia introducida por *pero* se limita a servir de contrapeso restrictivo de la afirmación precedente (de ahí que no sea alterable el orden de una y otra). En el segundo, en cambio, *aunque* introduce una relación que, al vincular las dos partes constituyentes, permite que la «concesiva» ocupe la primera posición, con lo que se potencia la expectativa. Otros hechos como la curva melódica o el carácter de la pausa, acentúan la contraposición lógica y, por consiguiente, la proximidad de sentido entre adversativas y concesivas.

12.2.2.4.3. El modo verbal en las concesivas

Para Narbona (1990), la presuposición implicada por la expectativa que abre la *concesiva* se hace más patente cuando usa el subjuntivo, lo que hace más «problemática» la expectativa: *Aunque me pida perdón, no le volveré a hablar.*

No extraña, por ello, que en lenguas románicas que no contaron en un principio con instrumentos equivalentes al antiguo castellano *maguer (que)*, el arranque de las concesivas se sitúe en el empleo del modo subjuntivo, reforzado a menudo por partículas de valor temporal o modal.

12.2.2.4.4. Diversidad estructural en la expresión de concesividad

Una de las características formales más llamativa de la expresión de bipolaridad concesiva es la multiplicidad de estructuras que pueden llegar a emplearse. Entre las más habituales podemos mencionar:

- Conjunción *aunque*
- Adverbios: *aun, incluso, ni siquiera (Aun si se lo juras, no lo creeré)*
- Conjunción *así*: *No vuelvo a ese lugar así me maten*
- Locución *si bien*
- Grupos preposicionales reforzados por *aun, incluso, ni siquiera*: *Incluso entre los amigos, era muy prudente*
- Locución *a pesar de*
- Locuciones adverbiales: *con todo y eso, en todo caso, así y todo, de todos modos*

Entre estas estructuras diversas resultan particularmente interesantes algunas como la *repetición verbal en subjuntivo* (*Llame o no llame, asistiré*) o el empleo de *construcciones preposicionales* de sentido concesivo con las unidades *con* y *por* (*Por mucho que corrió...*)

En el caso de las fórmulas con repetición del verbo en subjuntivo, Narbona (1990) observa que la intervención de la forma verbal resulta, naturalmente, más decisiva en los casos en que no se cuenta con el soporte de una conjunción o locución explícita, por ejemplo, con ciertas expresiones constituidas por la repetición de una forma verbal en subjuntivo con un término relativo:

- *Diga lo que diga, no tiene razón*
- *Se ponga como se ponga, no va a conseguir nada*

- *Va a ser lo mismo, hagamos lo que hagamos*

Otra posibilidad es el empleo de fórmulas relativas generalizadoras sin verbo repetido: *Cualquier cosa que dijera, le iba a sentar mal.*

Por lo que respecta a uso de construcciones preposicionales de sentido concesivo con las unidades *por* y *con,* Narbona (1990) subraya como muy antiguo el empleo de **por** en construcciones como *Por mucho que llores, no se ablandará; Por muy bien que nos vayan las cosas, siempre estaremos peor que antes; No logró aprobar por más que estudió; Por (muy) rico que seas, no podrás comprarla; Por más planes que hago, no adelgazo,* en las que la contraposición se ve reforzada, además, por el carácter generalizador de «falsa» causa. Su fuerza expresiva hizo de este giro uno de los recursos preferidos para la relación concesiva, hasta el punto de que su uso parece anterior al de *aunque.*

Narbona (1990) menciona también la frecuencia de construcciones concesivas donde interviene la preposición **con**, donde el sentido concesivo no depende exclusivamente de la presencia de la preposición, cuyo valor consiste únicamente en señalar que los dos miembros se hallan necesariamente conectados y relacionados. La contrariedad de los juicios y su contraposición semántica se ven apoyadas por la estructuración bipolar marcada por la pausa intermedia, su correspondiente curva melódica, y el contraste modal (subjuntivo –o infinitivo, si lo posibilita el contexto sintáctico– / indicativo), entre otros hechos. Obsérvese que en condiciones diferentes el significado puede ser también diferente: el sentido es condicional, por ejemplo, en *Con que me pagues el 50%, firmo el contrato;* pero la utilización de la preposición *con* facilita y potencia el sentido concesivo, lo que ha dado lugar a giros estereotipados de significado concesivo, especialmente habituales en el habla coloquial: *Con tó(do) y con eso, no pudimos entrar* ('a pesar de todo, no pudimos entrar').

También la presencia de formas no personales contribuye a la generación de construcciones bipolares concesivas:

- Gerundios o participios modificados por *aun, incluso, ni siquiera: Aun nevando, va a visitar a sus tíos*
- Infinitivos precedidos de *con* o *para: Para ser tan mayor, todavía está muy bien*

Lo cierto es que, como avanzábamos antes, los mecanismos con que se obtiene contraposición concesiva son numerosos y diversos; la propia Academia advierte que «las conjunciones y locuciones concesivas ofrecen gran variedad, sin contar con que los escritores pueden emplear ocasionalmente muchas que no están catalogadas en las gramáticas» (*Esbozo*, § 3.22.8).

Al tratarse de una contraposición no directa, sino presuposicional, no es extraño que se obtenga sentido concesivo al margen de los moldes habitualmente descritos por los tratadistas. En efecto, puede lograrse con facilidad por medio de cualquiera de los tipos de conexión establecidos por la tradición *gramatical* (*yuxtaposición, coordinación, subordinación*). Se ha visto que ciertas construcciones absolutas con gerundio o participio —o el infinitivo encabezado por la preposición *con*— se prestan a ello. También hemos aludido al empleo primitivo de *que* en enunciados de claro sentido concesivo. Y no antiguas, sino habituales en el coloquio de hoy, son expresiones como *Ya puede pasar hambre, que no roba* ('aunque tenga que pasar hambre, no va a robar') o *Mal que me pese, no voy a aceptar que vengas.*

ANEXO: PRÁCTICAS DE ANÁLISIS SINTÁCTICO

I.   ORACIÓN SIMPLE

- Test de elección múltiple.
- Analice las funciones sintácticas integradas en las siguientes oraciones

II.   ORACIÓN COMPUESTA

- Oraciones yuxtapuestas y coordinadas.
- Oraciones sustantivas
- Oraciones adjetivas
- Construcciones comparativas y consecutivas
- Oraciones adverbiales
- Oraciones bipolares

ORACIÓN SIMPLE

Test de elección múltiple. Escoja la respuesta correcta en cada caso

1. No es oración impersonal:
   a) *Amanecía en Zahara.*
   b) *Se adaptó a sus modales toscos.*
   c) *Se auxiliaba a los indigentes.*
   d) *Hubo un gran revuelo.*

2. Marque la opción incorrecta:
   a) El complemento indirecto (CI) nunca lleva preposición.
   b) El complemento de régimen (CR) siempre exige preposición.
   c) El sintagma nominal (SN) puede funcionar como atributo.
   d) El sintagma preposicional (SP) puede funcionar como complemento directo.

3. Hay complemento directo en:
   a) *Allí sonaba la música siempre.*
   b) *Él se lavaba despacio.*
   c) *Su decisión resultó un fracaso.*
   d) *Le gusta el cine.*

4. En *El sombrero de palma le cubría medio rostro*:
   a) *El sombrero* es sujeto
   b) *de palma* es Cto. circunstancial
   c) *El sombrero de palma* es sujeto
   d) *medio rostro* es Cto. circunstancial

5. Señale la opción que presenta un complemento circunstancial:
   a) *La noche será calurosa.*
   b) *El escritor carece de fortuna personal.*
   c) *Esa semana llovió mucho.*
   d) *Las flores parecen de plástico.*

6. Señale qué oración presenta un complemento indirecto:
   a) *Me gustó la película.*
   b) *Nos vemos a menudo.*
   c) *No entiende a los jóvenes.*
   d) *No te olvides de llamarla.*

7. Señale la oración impersonal:
   a) ¡Quién pudiera estar en una playa ahora!
   b) Todavía no ha llegado la carta.
   c) El otoño fue pródigo en lluvias.
   d) No se come mal aquí.

8. ¿Qué oración responde al esquema CI + CI + V + CC + S:
   a) Te echaremos bastante de menos.
   b) A Juan le gusta mucho pasear.
   c) A mí me parece estupendamente.
   d) No podía contar nada de aquello.

9. ¿Qué oración contiene complemento indirecto y complemento directo?
   a) Compró pan para la cena
   b) El viajero se dirigió a la estación.
   c) Relataron lo que habían visto.
   d) Le cambió la chaqueta.

10. ¿Qué oración es copulativa?
    a) La imagen se me aparece todas las noches.
    b) Estaba en la calle.
    c) El agua parece azul
    d) La charla era en el paraninfo.

11. ¿En qué oración hay un complemento de régimen?
    a) Todos los hermanos son de Galicia.
    b) Ellos no veían a esa señora bajita.
    c) Había acostumbrado a su hija a la lectura de cuentos.
    d) Paseaba en bici todas las tardes.

12. ¿Qué oración es copulativa?
    a) Sopla furioso el viento.
    b) Ella está jugando al ajedrez.
    c) Él parece muy feliz.
    d) Me fui de viaje.

13. Es una oración impersonal:
    a) Aquí se vive bien.
    b) Aquí están tranquilos.
    c) Sale agua por este agujero.
    d) Todos los años sucede.

14. Hay complemento directo en:
   a) *La obra consta de tres partes.*
   b) *Me encanta el cine.*
   c) *¿Me ibas a decir algo?*
   d) *Paseó toda la tarde.*

15. Hay complemento predicativo en:
   a) *Él habló claro.*
   b) *Él llegó cansado.*
   c) *Él estaba cansado.*
   d) *El asunto está claro.*

16. Señale la oración impersonal:
   a) *Se marchaban en ese momento.*
   b) *Por las tardes iban a clase.*
   c) *Había muchos problemas en casa.*
   d) *Llegaron las cartas.*

17. *Marta y Javier se pelearon ayer* es una oración:
   a) reflexiva
   b) recíproca
   c) desiderativa
   d) pasiva

Analice las funciones sintácticas integradas en las siguientes oraciones (marque la función que corresponda debajo de cada sintagma, como en el ejemplo 1)

1.-<u>Juan</u>, <u>tu cuñado</u>, <u>vendrá</u> <u>esta tarde</u> _____ <u>desde el pueblo</u> _____
   SUJ.   APOS.   V.   CCT   SUPL. INHERENTE/CCirc.Interno

2.-La otra hija nació convulsa y deforme.

3.-Viene una voz invisible desde el horizonte.

4.-Los ilustrados del siglo pasado combatieron contra la ignorancia.

5.-Los troncos fueron retirados ayer por los soldados.

6.-El mar Caribe baña las costas cubanas con su tímido oleaje.

8.-Toledo ciudad vivía el esplendor de la corte en aquella época.

9.- Las golondrinas se quedan en la torre.

10.-Todos los invitados fueron atendidos por el anfitrión con amabilidad.

11.-El año pasado visité Lima, la capital de Perú.

12.- Resido en Madrid desde el mes pasado.

13.-En el bar de la esquina hablan continuamente de negocios.

14.-Pienso a todas horas en la solución de este caso.

15.-Desde aquí se divisa un bellísimo paisaje.

16.-Se arreglaron las ventanas de la casa vieja.

17.-Los paquetes se los di a tu padre.

18.- Desde niño se aficionó a los toros.

19.-Por la autoridad competente se dictarán las órdenes oportunas.

20.-Antonio y Dolores se telefonean con frecuencia.

21.-Se construyeron estos edificios en un lugar muy bonito.

22.-En los tiempos actuales se vive bastante mal.

23.-Se calzó unos zapatos demasiado grandes.

24.-Carmen se pintó los labios delante del espejo de su habitación.

25.-Aquellos jóvenes se insultaban continuamente.

26.-En este establecimiento se venden comestibles naturales.

27.-Los viajeros llegaron cansados a la ciudad por el trayecto.

28.- Echo de menos a Marina.

29.-Aquellos episodios los recordaba el cura estupendamente.

30.-Resuenan lentos los golpes espaciados de una maza.

31.-En años anteriores había visto a aquellos penitentes.

32.-La conspiración fue descubierta por la policía en el cuartel.

33.-Habían sido tomadas todas las medidas de emergencia.

34.- Vimos a Carlos muy preocupado.

35.-Este niño parece bastante cansado.

36.- Los padres siempre quieren educar bien a sus hijos.

37.-El chocolate con churros resultó riquísimo.

38.-Nuestro amigo anda preocupado.

39.-Mi sobrino duerme inquieto en su cama.

40.-El paquete de México llegó estropeado a Valencia.

41.-El alumno respondió muy nervioso.

42.-Él vive muy feliz en su casa.

43.-¡Ojalá llegue descansado a su destino!

44.-No habían regresado aún los tíos de Juanito.

45.-El vecino del cuarto escribe todos los días a su padre.

46.-En esta semana han sucedido cosas muy extrañas.

47.- Luisa estaba convencida de ganar el concurso.

48.-En las vacaciones de Navidad estuve en Suiza.

49.-Tu hermano y yo compramos ayer fruta fresca en el mercado.

50.-Antonio, el médico del hospital, me ha recetado una medicina eficaz

51.- Lo peor sería ponerse enfermos.

52.-Me hubiera gustado pasar más tiempo en París.

53.- Le había acarreado muchos problemas el ansia de triunfar en su profesión.

54.-Ruz cita a declarar a las empresas contratadas para las fiestas de Mato.

55.- En los años noventa, bajo la excusa de proteger la libertad de expresión, Gran Bretaña acogió a todo tipo de radicales islámicos.

56.-Perder el empleo es, en estos momentos, uno de los mayores problemas de los españoles.

57.-Una tercera parte de los encuestados hablaba de pérdida de empleo.

58.- Es correcto usar esa expresión en el lenguaje formal.

59.- La solución consiste en contemplar las cosas de otro modo.

60.- Woody Allen quiere establecer un tributo a la ciudad de Nueva York con la película Manhattan.

61.-Es peligroso conducir, en invierno, sin cadenas; puede ocasionar serios accidentes.

62.-Le gusta patinar cerca del quiosco de la música

63.-¿Habéis visto el partido de fútbol, chicos?

64.-Marta cuenta con nuestra ayuda.

65.-Eso es fácil de recordar.
66.-Saludé a un vecino en la plaza mayor.

67.-Enfermera, el paciente no respira.

68.-El decreto fue leído por el ministro.

69.-El abogado salió satisfecho del juicio.

70.-Se reservaron dos plazas para el curso siguiente.

71.-El cantante se puso demasiado nervioso ante los espectadores.

72.-Se busca a un peligroso delincuente.

73.-Desearía un piso más grande y bonito.

74.-En aquel instante flotaba sobre el agua una botella de cristal.

75.-Toda la familia confía en ti.

76.-Recoged los juguetes del salón.

77.-El bebé pesó 3 kilos al nacer.

78.-Los compañeros de clase preguntaron por ti.

79.-Llegamos del hospital muy cansados.

80.-Se necesita personal en el nuevo salón de belleza.

81.-Estaremos en mi casa toda la tarde.

82.-¿Cuántos hermanos tienes?

83.-Llegamos muy cansados del parque de atracciones.

84.-El niño comió en el colegio.

85.-¿A quién mandaste la carta?

86.-¿Qué hora es?

87.-Mi jefe y yo nos saludamos fuera de la oficina.

88.-No has terminado correctamente el informe.

89.-Han contratado a un nuevo profesor.

90.-Los entrenadores se quejan siempre del árbitro.

91.-Mis hijos creen en los fantasmas.

92.-¿Dónde están tus compañeros de clase?

93.-Los ladrones huyeron de aquel lugar.

94.-El ascensor fue arreglado por un mecánico.

95.-La televisión estuvo encendida todo el día.

96.-Había demasiadas razones para su despido.

97.-El tabaco perjudica la salud.

98.-El niño se dio un golpe en la cabeza.

99.-El examen fue calificado por el Tribunal.

100.-Espero noticias de mi familia muy pronto.

101.-¿Qué haría uno en esa situación?

102.-¿No te alegras de mis resultados?

103.-Ojalá me toque este año la lotería.

104.-Probablemente hoy cenemos con mis padres.

105.-Vivir es ir muriendo cada día.

106.-¡He aprobado todas las asignaturas del curso!

107.-Asisto a clase de inglés tres días a la semana.

108.-El gimnasio debe de abrir mañana por la mañana.

109.-¿De qué se ocupó la enfermera en la intervención?

110.-Los alumnos permanecieron en silencio durante el examen.

111.-Hoy me despertaron las obras de la calle.

112.-Se venden muchos medicamentos en la farmacia.

113.-El enfermo se encuentra mejor.

114.-Nos mojamos la cara los unos a los otros.

115.-Las vías del tren han estado averiadas por una sobrecarga.

116.-El museo se abrirá a las seis de la tarde.

117.-Luis parece contento después del examen.

118.-El niño se encontraba desorientado después de la siesta.

119.-Esta lámpara la compré para el salón.

120.-Había mucha gente en la estación de autobuses.

121.-¿A quién buscas?

122.-Tu hermano y tú os parecéis bastante.

123.-No conocí a nadie en la fiesta.

124.-¡Cuánto frío hace hoy!

125.-Probablemente solicite una beca de estudios en el extranjero.

126.-Me eligieron presidente de la comunidad de vecinos.

127.-Les dije a mis padres la verdad.

128.-Quizás luego eche gasolina a la moto.

129.-¿Vienes con nosotros al instituto?

130.-Abrió con su llave la puerta de casa.

ORACIÓN COMPUESTA

1. Oraciones yuxtapuestas y coordinadas. Identifique qué tipo de relación existe entre las oraciones que siguen (yuxtaposición, coordinación u oraciones independientes). Si son coordinadas explique qué tipo de coordinación se produce e identifique la conjunción que establece la relación.

1. La poesía no es solo materia fónica o funciones gramaticales, sino además contenido psíquico. (E. Alarcos Llorach, *La poesía de Blas de Otero*)
2. Elisa trabaja fuera; Carlos se ocupa de la casa.
3. No solo al mercado me enviaba mi familia, sino también a las pequeñas tiendas del barrio. (F. Umbral, *Las ninfas*)
4. Tengo sueño, voy a descansar un rato.
5. Los modelos son un espejo solemne, dorado, yerto y hermético, mientras que los discípulos son un espejo vivo, parlante, actuante. (F. Umbral, *Las ninfas*)
6. Ni en aquel tiempo, ni hoy, he sobresalido como nadador. (G. Arciniegas, *Nueva imagen del Caribe*)
7. En Suiza los Alpes son cándidos y fieles como sus nombres. O se llaman el San Bernardo o se llaman el Simplón. (G. Arciniegas, *Nueva imagen del Caribe*)
8. En una franja geográfica como la latinoamericana, tan propensa a la demagogia como al autoritarismo militar, la tradición histórica ha impuesto el sello del presidencialismo a su armazón constitucional. (*La Prensa,* 29-3-88)
9. Ha nevado esta noche: hay restos de nieve en los tejados.
10. Leí y leí aquella noche, y descubrí a Borges mejor que nunca. (J. Marías, *Hispanoamérica*)
11. En Londres o Madrid, Ginebra o Roma, / ha sorprendido [...] / el mismo *taedium vitae* en vario idioma. (A. Machado, *Nuevas canciones,* 162)
12. Las Américas han dado a la civilización universal muchas de sus plantas importantes: el cacao, el maíz, la papa o patata, la batata o camote, la yuca o mandioca, el tomate, el aguacate o palta... (P. Henríquez Ureña, *Historia de la cultura en la América hispánica*)
13. [Daniel] no le guardaba ningún rencor por ello, antes bien encontró en él, desde el primer día, una leal amistad. (M. Delibes, *El camino*)

14. El señor este no se murió, sino que se puso bien y bueno. (*El habla de la ciudad de Madrid*)

15. Tengo unas cosas para darte, espérame en la puerta de tu trabajo cuando salgas.

16. El *Diccionario Histórico* [...] recogerá no sólo las palabras, sino además los autores que las han empleado. (*Cambio 16*, n.º 860, 95)

17. Tanto para leer como para crear una poesía debiéramos exigir cierta solemnidad. No una solemnidad de exteriores pompas, mas sí aquel aire de estupor íntimo. (J. Ortega y Gasset, *La deshumanización del arte*)

18. La feria se inauguró cerca de las cinco de la tarde; a la seis ya se había llenado de gente.

19. Ora andando, ora parándose a reposar, se pasó todo el día. (J. Valera, *Juanita la Larga*)

20. En la comunidad de Ayllón se esconde el lobo, y merodea el zorro, y hoza el jabalí, y brinca el corzo. (C. J. Cela)

21. Y digo versos por fin, y vomito disparates, y los celebran, y crece la bulla y el humo y el infierno. (M. J. de Larra, Artículos de costumbres)

22. Y tornó a correr en su seguimiento, unas veces creyendo verla, otras pensando oírla; ya notando que las ramas [...] se movían, ya imaginando distinguir en la arena la huella de sus breves pies. (G. A. Bécquer, *Leyendas*)

23. Lo vi preocupado, le pregunté si le pasaba algo.

2. **Oraciones sustantivas. Identifique la ubicación de las oraciones sustantivas en el siguiente listado y especifique qué función están desempeñando. Especifique también el mecanismo de transposición empleado.**

1. Habían olvidado que tenían las caras blancas de almidón y los labios pintados de una pomada del color del chocolate, y que sus ropas no eran propias de la hora ni de la época. (G. García Márquez, *El amor en los tiempos de cólera,* 177)

2. A la hermana, ya se notaba que no la quería mucho. Pero de usted no decía nada, ni que le quisiera ni que le dejara de querer (C. Martín Gaite, *Ritmo lento,* 24)

3. Imposible que en el ánimo de Quevedo el sentimiento tuviera estas calidades ya desde el principio. (A. Alonso, *Materia y forma en poesía,* 129)

4. R. M. ha insistido en que "la televisión esté flexible pero firmemente asesorada por mentes cultas". (*Cambio 16,* 23.05.1988, 101)

5. No hay duda de que el castellano de Estados Unidos ha sufrido una fuerte contaminación del inglés. (Ib. 92)

6. No se ve si el asunto nos interesa, si la firma nos merece confianza: se ve si ocupa más de tres páginas. (A. Reyes, *Antología general,* 35)

7. Ignoraba si en estos casos procedía enfadarse o si, por el contrario, debía sonreír. (M. Delibes, *El camino,* 115)

8. Cuanto llevamos dicho no explica ni aclara la poesía de Otero. (E. Alarcos Llorach, *La poesía de Blas de Otero,* 57)

9. Else había contribuido ya a la industria con cuanto se sabe hoy mismo sobre fermentos. (H. Quiroga, *El regreso de Anaconda,* 107)

10. Quien calla, otorga.

11. A quien madruga, Dios le ayuda.

12. Recuerdo cuando llamaba a esa puerta. (C. Martín Gaite, *Ritmo lento,* 19)

13. Hombre, ibais hablando muy animados, conque no sé por qué es tonta la pregunta.

14. Es algo increíble cómo se desprecia el tiempo, hasta qué punto cree uno que se puede pasar por encima de él. Yo, en el tiempo de esa foto, le decía a mi mujer que se riese de la felicidad, que era una palabra hueca.

15. Le pregunté que por qué no había despegado apenas los labios. (C. Martín Gaite, *Retahílas,* 208)

16. Doña Isabel regresó de Madrid satisfecha de su viaje y de cómo andaban las cosas de la nación por aquellos días. (D. Medio, *Isabel II de España,* 192)

17. El mundo se me ha caído encima. ¿No lo ve usted cómo se cae en pedazos sobre mi cabeza? (B. Pérez Galdós, *Cádiz,* 106)

18. Vive en Chaclacayo, y allá no hay en qué gastar la plata. (A. Bryce Echenique, *Cuentos completos,* 100)

19. ¡A mí con cuentos! – exclamó María, sonriente.

20. Mi padre, enteramente perplejo, exclamó: – ¡Eso es lo que no comprendo, que la gente trabaje por trabajar! (R. Chacel, *Memorias de Leticia Valle,* 55)

21. Eso de "la quiero", "te quiero" suena de un modo... (F. García Lorca, *La zapatera prodigiosa,* 46)

22. Ahora me costará perder la costumbre de temer a esta gente. (A. Bioy Casares, *La invención de Morel,* 79)

23. La seguía de lejos; la vi dejar el bolso en una roca. (Ib. 73)

24. Haber estado bien también ella le era indiferente. (R. Chacel, Ib. 136)

25. Los vagos son ellos, los que dicen que trabajan. (M. de Unamuno, *Niebla,* 46)

3. Oraciones adjetivas. Identifique la ubicación de las oraciones adjetivas en el siguiente listado y especifique qué función están desempeñando y cuál es el mecanismo de transposición utilizado.

1. Somos el río y somos aquel griego que se mira en el río. (J. L. Borges, *Los conjurados,* 27)

2. Ha soñado la espada, cuyo mejor lugar es el verso. Ha soñado el espejo en que Francisco López Merino y su imagen se vieron por última vez. (Ib. 43)

3. No hablo del inmenso círculo con que guarnecía la sala el concurso de tantas personas heterogéneas. (M. J. de Larra, *Artículos de costumbres,* 51)

4. También avisaría a sus compinches de ajedrez, entre los cuales había desde profesionales insignes hasta menestrales sin nombre. (G. García Márquez, *El amor en los tiempos de cólera,* 17)

5. Quedo sepultado en una cumplida chaqueta rayada, por la cual sólo asomaba los pies y la cabeza, y cuyas mangas no me permitirían comer probablemente. (M. J. de Larra, Ib. 52)

6. En el hogar ardía un monte de leña, con cuyo calor pudo don Paco secarse los vestidos. (J. Valera, *Juanita la Larga,* 213)

7. Don Mariano, el tío de la mujer, hablaba de lo malos que están los tiempos. (Azorín, *La voluntad,* 295)

8. Algunos vecinos tenían cosas que hacer. (C. J. Cela, *La colmena,* 254)

9. Nadie había tocado nada en aquella habitación, donde sólo se hablaba de muerte. (A. Larreta, *Volavérunt,* 151)

10. Don Paco anhelaba ancho espacio por donde correr, horizonte por donde tender la mirada. (J. Valera, *Juanita la Larga*)

11. Por entre la multitud va trastabillando un hombrecito inmaculado —un dandy extraviado seguramente— a quien una curiosidad peligrosa atrajo hasta estas regiones del infierno. (A. Reyes, *Antología general,* 25)

12. Ignoro si el perro con quien tropecé cierto día en una de las calles más extraviadas del barrio de Chamberí era quimerista y agresivo como sus convecinos. (A. Palacio Valdés, *Papeles del doctor Angélico*)

13. Atiné a murmurar: "¡Las cosas que se le ocurren a una mujer!". (A. Bioy Casares, "Catón", *La Nación*, 25.02.1988)

14. En el modo como caía una hoja planeando en el aire, en la dirección que tomaba el vuelo de un pájaro, creían hallar avisos. (A. Uslar Pietri, *Las lanzas coloradas*, 136)

15. La puerta está entornada. Veo en ella un gran llamador dorado, que supongo que será para llamar. (Azorín, *La voluntad*, 286)

16. Pasa el viático de la Sardina con un figurón que no se sabe si es hombre o bulto de harapos.

17. La camisa me quedó grande, y yo sentía angustia por mi cuello bailando en el aire, lo que dio lugar a que la tía Julia comenzara a llamarme Popeye. (M. Vargas Llorsa, *La tía Julia y escribidor*, 74)

18. Lo que no te perdonaré nunca es que no me dijeras la verdad desde un principio

19. El que no vaya a trabajar no será bienvenido a mi empresa.

20. En mi opinión tu hermano no tiene nada que envidiar a sus compañeros de trabajo.

4. Construcciones comparativas y consecutivas. Analice sintácticamente las construcciones que siguen, especificando el valor comparativo o consecutivo de las mismas, precisando la ubicación de la oración adjetiva asociada a la construcción y explicando la relación entre el relativo y su antecedente.

1. Ni tú, ni esa pobre mujer, ni nadie en este pueblo lo hubiera querido tanto como lo quisieron. (G. García Márquez, *El amor en los tiempos del cólera,* 50)

2. Tal vez Arturo no estuviera tan alegre como parecía, (A. Bioy Casares, *Historias desaforadas,* 108)

3. Nos subimos a la calesa, y esta partió tan a escape como lo permitía la escualidez del rocín que la arrastraba y la procelosa configuración del camino. (B. Pérez Galdós, *Trafalgar,* 65)

4. … ella seguía siendo tan arisca como cuando era joven. (Ib. 400)

5. Las complicaciones afectivas en que se ve enredada una mujer la zarandean más peligrosamente que a un hombre. (C. Martín Gaite, *Ritmo lento,* 38)

6. La fiebre cedió al tratamiento más trabajosamente que en la ocasión anterior. (A. Bioy Casares, Ib. 32)

7. Los vaivenes eran tan fuertes que se hacía difícil el trabajo. (B. Pérez Galdós, *Trafalgar,* 121)

8. Era un hombre como de cuarenta y cinco años, de semblante hermoso y afable, con tal expresión de tristeza que era imposible verle sin sentir irresistible inclinación a amarle. (Ib. 79)

9. Había tan pocos teléfonos en la ciudad que la comunicación se hacía a través de una operadora que conocía a todos los abogados, su vida y sus milagros. (G. García Márquez, *El amor en los tiempos de cólera,* 408)

10. Es tan absurdo lo que dice que me quedo un rato perplejo, sin reacción. (C. Martín Gaite, *Ritmo lento,* 47)

11. Ese elevado tono nos sorprende y embelesa de tal modo que no podemos aparcar la atención del orador. (B. Pérez Galdós, *Cádiz,* 62)

12. Le daba unas charlas tan tremendas que la dejaba adormecida.

13. A las once de la noche, estoy que me caigo. (*El habla de la ciudad de Madrid*, 427)

14. Llegué al hotel con los pies tan sucios que no sabía si eran míos o del vecino.

5. Oraciones adverbiales. Identifique la ubicación de las oraciones adverbiales en el siguiente listado y especifique qué función están desempeñando y cuál es el mecanismo de trasposición utilizado.

1. En seguida llegó don Paco hasta donde estaba don Ramón. (J. Valera, *Juanita la Larga*, 222)

2. Empezaba a vivir, cuando fui a Panamá hace cosa de cuarenta años. (G. Arciniegas, *Nueva imagen del Caribe*, 123)

3. La abuela me llevó al pueblo, a su casa. Qué gran sorpresa cuando desperté con el sol y me fui, descalza, [...] hacia la ventana. (A. M. Matute, *Primera memoria*, 16-17)

4. ... cuando apenas tenía nueve años recitaba con mucha gracia varios antiguos romances. (J. Valera, *Juanita la Larga*, 126)

5. Cuando baje, puedes manifestarle con palabras tiernas tu propósito de no ofenderla más. (B. Pérez Galdós, *Cádiz*, 69)

6. Tan pronto como escampó abrieron las ventanas. (G. García Márquez, *El amor en los tiempos del cólera*, 54)

7. No bien usted se hubo ido, mientras yo me preguntaba qué se traía conmigo, saltó en pie y empezó a dar zancadas a un lado y otro del estudio. (A. Larreta, *Volavérunt*, 105)

8. Atendí a la duquesa con continuidad hasta hace unos cuatro años. (Ib. 49)

9. Hace ya siglos que hemos renunciado a esas traslaciones, que fueron ciertametne admirables. (J. L. Borges, *El libro de arena*, 87)

10. Estando en esto, vieron que hacia donde ellos estaban venía un hombre a pie [...]. Cuando llegó a ellos, los saludó y pasó de largo. (M. de Cervantes, *Quijote*, II, XXIV)

11. ... una [miniatura] preciosa, la recibió de Inglaterra estando nosotros allí. (G. Torrente Ballester, *Las sombras recobradas*, 20)

12. Reconocían que los viejos se habían portado generosamente con ellos ayudándolos cuando sus bodas. (E. Galvarriato, *Final de jornada*, 25)

13. Los niños que venían a jugar con nosotros eran hijos de esos mismos amigos y se marchaban cuando sus padres. (C. Martín Gaite, *Ritmo lento,* 53)

14. Los días vienen y se van como vienen y se van las olas de la mar. (M. de Unamuno, *Cómo se hace una novela,* 183)

15. Dormía esta noche pasada como duerme un hombre que trae en el cuerpo trece leguas de camino. (G. A. Bécquer, *Leyendas,* 260)

16. La ley dijo setenta [años] como pudo decir noventa. (M. Delibes, *La hoja roja,* 19)

17. A los veinte años se lee como se vive: añadiendo nuevas unidades a nuestro cúmulo de ideas y pasiones. (J. Ortega y Gasset, *El espectador,* 38)

18. Mis personajes se irán haciendo según obren y hablen. (M. de Unamuno, *Niebla,* 131)

19. … tres meses llevamos de casados, yo, queriéndote… y tú, poniéndome verde. (F. García Lorca, *La zapatera prodigiosa*)

20. Así como la noche reúne para formar el cielo las estrellas pasadas, nuestra tiniebla reúne para formarnos el alma los instantes pasados junto a seres con quienes estuvimos unidos. (M. A. Asturias, *El Alhajadito,* 199)

6. **Oraciones bipolares. Identifique las clases de oraciones bipolares que hay en el siguiente listado, determine la relación semántica entre sus miembros, justificando su respuesta y explicando qué marcas gramaticales vehiculan la expresión formal de la relación bipolar.**

1. Ignoramos la naturaleza de esos compuestos, si bien se admite que cada tipo de pelaje refleja una pauta previa subyacente de índole química. Tal pauta previa, de existir, se encontraría en la propia epidermis o debajo mismo de ella. (J. D. M., Investigación y ciencia, n.º 140, 61)

2. Ni aun viéndole tan abatido cejó doña Francisca en su tarea de mortificación. (B. Pérez Galdós, Trafalgar, 182)

3. ... la imagen de Adriana desaparecía porque la música, aun siendo siempre semejante a aquélla, tomaba un acento más dramático. (R. Chacel, Memorias de Leticia Valle, 99)

4. Pero no debía cejar, sino tirar de la manta, cayese el que cayese. (M. Andújar, Vísperas, 1, 44)

5. Volverá, volverá hoy mismo, suceda lo que suceda y haya sucedido lo que haya sucedido. (R. Pérez de Ayala, Las novelas de Urbano y Simona, 70)

6. Fuese como fuese, lo único comprobado es que yo pensaba, al mismo tiempo que aparentaba atender, en aquello que yo llamaba las ideas dolorosas u horribles. (R. Chacel, Ib., 156)

7. Si hubiera ido con ella, me habría sentido alentado por la mirada de sus dulces ojos que fingirían escuchar. (C. Martín Gaite, Ritmo lento, 37)

8. Cuando Heidi huyó de casa, la señora Rivero se preguntó si la joven se habría marchado de haber sucedido las cosas de otra manera. (D. Medio, Nosotros, los Rivero, 92)

9. Y como llegase el caso, ella no dejaría de procurarse todo el arrepentimiento posible. (B. Pérez Galdós, Nazarín, 51)

10. Si me embrujaron o no me embrujaron, yo no lo sé. (Ib., 190)

11. Si llueve allá, como indefectiblemente lloverá aquí, nuestra victoria es segura. (H. Quiroga, El regreso de Anaconda, 21)

12. ... como no cambien el horario, yo no puedo asistir en política, entonces como los que vayáis no me paséis a mí los apuntes... (El habla de la ciudad de Madrid, 386)

13. La teoría cuántica predice que un electrón mostrará un comportamiento ondulatorio siempre que las dimensiones de la región donde está confinado, o de las barreras erigidas para contenerlo, se acerquen al valor de la longitud de onda del electrón en cuestión. (R. T. B., Investigación y ciencia, n.º 140, 1988: 80)

14. El sol lo ayudaría como ayuda a los toreros. (A. Bryce Echenique, Cuentos completos, 106)

15. El control remoto no funciona porque no tiene pilas.

16. Puesto que detestas la leche se la daré a mi hermano.

17. Debes estar enfermo, porque tienes la cara muy roja.

18. Llueve, porque la gente lleva paraguas

19. Mi tío no echa una mano a nadie así lo maten. No hace un favor si no sabe que pueden devólverselo. (J. Fernández Santos, *Laberintos,* 21)

20. ... son libros que, habiendo ganado inmenso prestigio en Europa, no son conocidos en los Estados Unidos, a pesar de estar escritos en el mejor inglés. (G. Arciniegas, *Nueva imagen del Caribe,* 18)

21. Por mucho que piense no sé lo que te propones. (F. García Lorca, Ib 78)

22. Apañados estábamos si en todos estos casos dejásemos obrar a la naturaleza, sin combatirla. (R. Pérez de Ayala, *Las novelas de Urbano y Simona,* 1, 81)

Bibliografía

Academia Española (Real) - Asociación de Academias de la Lengua Española (2009), *Nueva gramática de la lengua española (NGLE).* Madrid, Espasa.

Academia Española (Real) - Asociación de Academias de la Lengua Española (2010), *Manual de la Nueva gramática de la lengua española (MNGLE).* Madrid, Espasa.

Academia Española (Real) (1931), *Gramática de la lengua española.* Madrid, Espasa Calpe.

Academia Española (Real) (1973), *Esbozo de una nueva Gramática de la lengua española.* Madrid, Gredos.

Alarcos, E. (1973), *Estudios de gramática funcional del español.* Madrid. Gredos. 3ª ed. aumentada en 1980.

Alarcos, E. (1985), "Generalidades en torno a la gramática funcional", en VVAA, *Lecciones del I y II Curso de Lingüística Funcional (1983 y 1984).* Universidad de Oviedo, 7-13.

Alarcos, E. (1990*), La noción de suplemento.* Logroño, Gobierno de la Rioja.

Alarcos, E. (1994), *Gramática de la lengua española.* Madrid, Espasa Calpe.

Alcina Franch, J. y Blecua, J. M. (1975=1988), *Gramática española.* Barcelona. Ariel.

Alonso, A. y Henríquez, P (1938) (1971), *Gramática castellana.* Madrid, Losada (2 vols.).

Álvarez Menéndez, A.I. (1989), *Las construcciones consecutivas en español. Estudio funcional sobre la oración compuesta.* Oviedo. Universidad.

Álvarez Menéndez, A.I. (1990), "Conectores y grupos oracionales consecutivos", en *Dicenda,* 9, pp. 11-29.

Álvarez Menéndez, A.I (1995), *Las construcciones consecutivas.* Madrid. Arco Libros.

Álvarez, M. A. (1987), "Las oraciones subordinadas: Esbozo de clasificación", en *Verba,* 14, pp. 117-148.

Bally, Ch. (1926=1965), *Linguistique générale et linguistique française.* Berne. Francke Verlag.

Bello, A. (1988), *Gramática de la lengua castellana.* Edición crítica de R. Trujillo, Santa Cruz de Tenerife.

Benot, E. (1921=1910): *Arte de hablar. Gramática filosófica de la lengua castellana.* Madrid. (Ed. facsímil de R. Sarmiento, Barcelona, 1991).

Bloomfield, L. (1933) (1964), *Language.* London. (Trad. *Lenguaje.* Lima. Univ. Nacional de San Marcos).

Bosque, I. (1980), *Problemas de morfosintaxis.* Madrid. Univ. Complutense.

Bosque, I. (1989), *Las categorías gramaticales.* Madrid, Síntesis.

Bosque, I. (1995), *Repaso de sintaxis tradicional: ejercicios de autocomprobación.* Madrid. Arco Libros.

Bosque, I. y Demonte, V. (1999), *Gramática descriptiva del español.* Madrid, Espasa Calpe (Vol. II: Las construcciones sintácticas fundamentales).

Briz, A. (1991), "En los límites de la oración bipolar consecutiva", en *Homenaje al Prof. Enrique García.* Cuadernos de Filología. Valencia, Universidad de Valencia.

Briz, A. (1992), "El QUE de las oraciones subordinadas consecutivas", en *Actas del XVII Coloquio Internacional de Lingüística Funcional.* León. Universidad.

Briz, A. (1993a), "Los conectores pragmáticos en español coloquial (I): su papel argumentativo", en *Contextos*, XI/21-22, pp. 145-188.

Briz, A. (1993b), "Los conectores pragmáticos en español coloquial (II): su papel metadiscursivo", *Español Actual*, 59, pp. 39-56.

Bühler, K. (1979), *Teoría del lenguaje.* Madrid. Alianza.

Camacho, J. (1990), "Algunos problemas de la coordinación disyuntiva en español", en C. Martin Vide (ed.), *Actas del V Congreso de Lenguajes Naturales y Lenguajes Formales.* Univ. de Barcelona, 2. pp. 411 - 425.

Cano Aguilar, R. (1983), *El predicado verbal.* Madrid. Coloquio.

Cejador, J. (1905), *Gramática de la lengua de Cervantes.* Madrid.

Contreras, L. (1959), "El período causal hipotético con SI", en *Boletín de Filología de la Univ. de Chile*, X, pp. 355-359.

Contreras, L. (1963), "Las oraciones condicionales", en *Boletín de Filología de la Univ. de Chile*, 15, pp. 33-109.

Cook, W. A. (1969), *Introduction to tagmemic Analysis.* Washington.

Coseriu, E. (1978), *Gramática, semántica, universales.* Madrid. Gredos.

Demonte, V. y Fernández Lagunilla, M. (eds.) (1987), *Sintaxis de las lenguas románicas.* Madrid. El Arquero.

Devís, P. P. (1994), "El concepto de subordinación. Criterios para la clasificación de las denominadas oraciones subordinadas en español", *Contextos, XII /23-24: 71-106.*

Dik, S. C. (1968), *Coordination. Its Implications for the Theory of General Linguistics.* Amsterdam. North-Holland.

Dik, S. C. (1978=1981), *Functional Grammar. Amsterdam, North-Holland.* (Trad. esp. *Gramática funcional.* Madrid. SGEL).

Escandell, M.V. (1995), *Los complementos del nombre.* Madrid. Arco Libros.

Escarpenter, J. (1974), *Introducción a la moderna gramática española.* Madrid.

Fernández Lagunilla, M. (1987), "Los infinitivos con sujetos léxicos en español", en V. Demonte y M. Fernández Lagunilla (eds.).

Fernández Ramírez, S. (1986), *Gramática española 4. El verbo y la oración.* Madrid. Arco Libros.

Fillmore, Ch. J. (1968), "The Case for Case", en Bach y Harms (eds.), *Universal in Linguistic Theory.* Nueva York, pp. 1-88.

Fillmore, Ch. J. (1977), "The case for case reopened", en P. Cole & J. Sadocks (eds.), *Grammatical relations (Syntax and Semantics VII),* Nueva York, Academic Press, pp. 59-81.

Frei, H. (1948), "Notes sur l'analyse des syntagmes", *Word*, 4/2: 65-70.

Fuentes Rodríguez, C. (1987), *Enlaces extraoracionales.* Sevilla, Alfar.

Fukasawa, M. (1985): "Coordinación disyuntiva en español. Aspecto sincrónico", en *RILCE*, 1/1, pp. 47-81 y 2/1, pp. 23-53.

García Berrio, A. (1970), *Bosquejo para una descripción de la frase compuesta en español.* Murcia. Univ. de Murcia.

García Turza, C. (1991), *La noción de aditamento.* Logroño. Gobierno de La Rioja.

García, S. (1996), *Las expresiones causales y finales.* Madrid. Arco Libros.

Gili Gaya, S. (1943, 1946, 1973, 1976, 1981), *Curso superior de sintaxis española.* Barcelona, Vox.

Gómez Torrego, L. (1985), *Teoría y práctica de la sintaxis.* Madrid. Alhambra.

Gómez Torrego, L. (1992a), *Valores gramaticales de SE.* Madrid. Arco Libros.

Gómez Torrego, L. (1992b), *La impersonalidad gramatical.* Madrid. Arco Libros.

González Calvo, J.M. (1983), "Hacia una clasificación de la oración simple según el modus", en Alarcos y otros (eds.), *Serta Philologica F. Lázaro Carreter I.* Madrid. Cátedra. pp. 251-262.

González Calvo, J.M. (1991), "Hacia una clasificación de la oración simple según el *dictum*", en *Estudios de Lingüística*, 7: 99-116.

González Calvo, J.M. (1993), *La oración simple.* Madrid. Arco Libros.

Gutiérrez Ordóñez, S. (1977-78), "Sobre los dativos *superfluos*", en *Archivum*, 27-28: 415-452.

Gutiérrez Ordóñez, S. (1984), "¿Es necesario el concepto de oración?", en *RSEL*, 14/2: 245-270.

Gutiérrez Ordóñez, S. (1985), "Construcciones atributivas absolutas", en VVAA, *Lecciones del I y II curso de lingüística funcional.* Oviedo. Universidad de Oviedo. pp. 35-61.

Gutiérrez Ordóñez, S. (1986), "Observaciones sobre el estilo directo en español", en *Estudios Humanísticos. Filología*, 8. pp. 26-38.

Gutiérrez Ordóñez, S. (1992a), "Estructuras predicativas de verbo ausente", en *Gramma-Temas*, 1: 117-143.

Gutiérrez Ordóñez, S. (1992b), *Las odiosas comparaciones.* Logroño. Gobierno de La Rioja.

Gutiérrez Ordóñez, S. (1997a), *La oración y sus funciones.* Madrid. Arco Libros.

Gutiérrez, S. (1997b), *Principios de sintaxis funcional.* Madrid. Arco Libros.

Gutiérrez Ordóñez, S. y otros (1984), "Más sobre sujeto ¿con? preposición", en *Contextos*, 4:87-128.

Haegeman, L. (1994), *Introduction to Government and Binding.* London. Blackwell.

Halliday, M. A. K. (1961), "Categories of the Theory of Grammar", *Word*, 17: 241-192.

Halliday, M. A. K. (1985), *An Introduction to Functional Grammar.* London, Edward Arnold.

Halliday, M.A.K y Hasan, R. (1976), *Cohesion in English.* London. Longman.

Hernández Alonso, C. (1967), "El que español", *RFE*, L, 257-272.

Hernández Alonso, C. (1971), *Sintaxis española.* Valladolid, 2ª edición.

Hernández Alonso, C. (1980), "Revisión de la llamada oración compuesta", en *RSEL,* 10/2: 277-306.

Hernández Alonso, C. (1984a): *Gramática Funcional del español.* Madrid. Gredos.

Hernández Alonso, C. (1984b): "Las llamadas oraciones consecutivas", en *Athlon. Satura Grammatica in Honorem Francisci R. Adrados,* I. Madrid. Gredos, pp. 107-116.

Hernanz, M. L. y Brucart, J. M. (1987), *La sintaxis. 1. Principios teóricos. La oración simple.* Barcelona, Crítica.

Hockett, C. F. (1958) (1972), *A Course in modern linguistics.* New York, MacMillan. (Trad. esp. *Curso de lingüística moderna.* Buenos Aires. Eudeba, 2ª edición).

Hudson, R. A. (1967), "Constituency in a systemic description of the English clause", *Lingua,* 18: 225-250.

Jespersen, O. (1924=1975), *The Philosophy of Grammar.* London, Allen & Unwin. Trad. esp. La filosofía de la gramática . Barcelona. Anagrama.

Jiménez Juliá, T. (1986), "Disyunción exclusiva e inclusiva", en *Verba* 13: 163-179.

Kovacci, O. (1965), "Las proposiciones en español", en *Filología*, 11, pp. 23-39.

Kovacci, O. (1990), *El comentario gramatical. 1. Teoría y práctica.* Madrid. Arco Libros.

Kovacci, O. (1992), *El comentario gramatical. 2. Teoría y práctica.* Madrid. Arco Libros.

Kurylowicz, J. (1965), "L'évolution des catégories grammaticales", *Diogène*, 51: 54-71.

Lanero, C. (1994), "En torno a frases y construcciones", *Contextos*, 12/23-24: 107-133.

Lapesa, R. (1978), "Sobre dos tipos de subordinación causal", en *Estudios ofrecidos a E. Alarcos Llorach*, III. Oviedo, Universidad. pp. 173-205.

Lavandera, B. (1971), "La forma QUE del español y su contribución al mensaje", en *RFE,* LIV, pp. 13-36.

Lázaro Carreter, F. (1980), *Estudios lingüísticos.* Barcelona, Crítica.

Lenz, R. (1925=1935), *La oración y sus partes.* Madrid, Publicaciones de la Revista de Filología Española.

Llorente Maldonado, A. (1967), Teoría de la Lengua e Historia de la Lingüística. Madrid. Alcalá.

Lope Blanch, J. M. (1979), *El concepto de oración en la lingüística española.* México. UNAM.

Lope Blanch, J.M. (1985), "La expresión condicional", en *El habla de Diego de Ordaz.* México. UNAM. pp. 96-117.

Lope Blanch, J.M. (1995), *La clasificación de las oraciones. Historia de un lento proceso.* México. UNAM.

López García, A. (1994), *Gramática del Español I. La oración compuesta.* Madrid. Arco Libros.

Marcos Marín, F. (1980), *Curso de gramática española.* Madrid. Cincel.

Marcos Marín, F. (1983), "Observaciones sobre construcciones condicionales en la historia de la lengua española", en *Introducción plural a la gramática histórica.* Madrid. Cincel. pp. 186-204.

Marcos Marín, F., Satorre, J. y Viejo, M.L. (1998), *Gramática Española.* Madrid. Síntesis.

Martí Sánchez, M. (1993), "El complemento circunstancial y los complementos circunstanciales", *Anuario de Estudios Filológicos,* 16: 263-274.

Martinet, A. (1960=1965), *Éléments de Linguistique générale.* Paris, Colin. (Trad. esp., *Elementos de lingüística general.* Madrid, Gredos).

Martinet, A. (1971), *La lingüística sincrónica.* Madrid. Gredos.

Martínez Álvarez, J. (1983), "Grupos oracionales y oraciones adversativas", en *Serta Philologica F. Lázaro Carreter* I. Madrid. Cátedra. pp. 363-368.

Martínez Alvárez, J. (1985), "Algunas oraciones complejas y sus transpositores", en VVAA, *Lecciones del I y II Curso de Lingüística Funcional (1983 y 1984).* Universidad de Oviedo, pp. 121-129.

Martínez Amador, E.M. (1970), *Diccionario gramatical y de dudas del idioma.* Barcelona, Sopena.

Martínez García, H. (1986), *El suplemento en español.* Madrid. Gredos.

Martínez Marín, J. (1978), *Sintaxis de la Celestina, I: La oración compuesta.* Granada, Publicaciones de la Universidad.

Martínez, J.A. (1981-82), "Acerca de la transposición y el aditamento sin preposición", *Archivum,* 31-32: 493-512.

Martínez, J. A. (1985), "Oraciones comparativas y consecutivas", en *Lecciones del I y II Curso de Lingüística Funcional (1983 y 1984).* Universidad de Oviedo, pp. 141-151.

Martínez, J.A. (1994), *La oración compuesta y compleja.* Madrid. Arco Libros.

Matthews, P. H. (1981), *Syntax.* Cambridge Univ. Press.

Meillet, A. (1938-1952), "Remarques sur la théorie de la phrase", en *Linguistique historique et linguistique générale.* Vol. I. París. Klincksieck.

Mondéjar, J. (1966), "La expresión de la condicionalidad en español (conjunciones y locuciones conjuntivas)', en *RFE,* XLIX: 229-254.

Morera, M. (1994), "La función sintáctica régimen preposicional", en *Lingüística Española Actual,* 16/2: 215-228.

Narbona, A. (1978), *Las proposiciones consecutivas en español medieval.* Univ. de Granada.

Narbona, A. (1983), "Sobre las oraciones bipolares", *Alfinge,* 1: 121-139.

Narbona, A. (1985), "Finales y finalidad", *Ph. Hisp. Homenaje a M. Alvar, II.* Madrid. pp. 529-540.

Narbona, A. (1989), *Las subordinadas adverbiales impropias en español. Bases para su estudio. I.* Málaga. Ágora.

Narbona, A. (1990), *Las subordinadas adverbiales impropias II (Causales y finales, comparativas y consecutivas, condicionales y concesivas).* Málaga. Ágora.

Navas Ruiz, R. (1977), *Ser y estar. El sistema atributivo español.* Salamanca. Almar.

Palmer, F. (1964), "Sequence and order", en F. W. Householder (coord.), *Syntactic Theory I.* Harmondsworth, Penguin. pp. 140-147.

Penadés, I. (1987), "La noción de atributo en la lingüística española", en *Estudios de Lingüística de la Univ. de Alicante,* 4: 127-137.

Pérez Rioja, J.A. (1978), *Gramática de la lengua española.* Madrid. Tecnos.

Piccardo, J.L. (1954), "El concepto de oración", *Revista de la Facultad de Humanidades y Ciencias,* 13: 131-160.

Piccardo, J.L. (1962), "El concepto de oración", en *Estudios gramaticales.* Montevideo. Instituto Profesores "Artigas". pp. 55-84.

Piera, C. (1987), "Sobre la estructura de las cláusulas de infinitivo", en V. Demonte y M. Fernández Lagunilla (eds.).

Pike, K. L. (1967), *Language in relation to a unified theory of the structure of human behavior.* The Hague, Mouton.

Porroche, M. (1988), *Ser, estar y verbos de cambio.* Madrid. Arco Libros. pp. 65-75.

Porto Dapena, J.A. (1992), *Complementos argumentales del verbo: directo, indirecto, suplemento y agente.* Madrid. Arco Libros.

Porto Dapena, J.A. (1993), *El complemento circunstancial.* Madrid. Arco Libros.

Pottier, B. (1971), *Gramática del español.* 2ª ed. Versión española de A. Quilis, edición reestructurada. Madrid. Alcalá.

Quilis, A. (1975), "Las unidades de entonación", *RSEL,* 14/2, pp. 261-280.

Ramón Trives, E. (1982), *Estudios sintáctico-semánticos del Español, I: La dinámica interoracional.* Murcia.

Ries, J. (1931), *Was ist ein Satz.* Praga.

Rivera Cárdenas, F. (1985), "Sobre el parentesco histórico y estructural de las comparativas de igualdad y las consecutivas de intensidad", en *Alfinge,* 3: 115-124.

Rivero, M.L. (1972), "On Conditionals in Spanish", en Casagrande, J. y B. Saciuk (eds.): *Generative studies in Romance Languages.* Massachusstes. Newbury House. pp. 196-214.

Rivero, M.L. (1977), "Aspectos de las oraciones condicionales", en *Estudios de gramática generativa del español.* Madrid. Cátedra.

Roca Pons, J. (1960, 1970, 1974, 1985), *Introducción a la gramática.* Barcelona. Teide.

Roca Pons, J. (1973), *El lenguaje.* Barcelona, Teide.

Rodríguez Adrados, F. (1969), *Lingüística estructural.* Madrid. Gredos (2 vols.)

Rodríguez Sousa, E. (1979), "La adversatividad en español", *Verba,* 6: 235-312.

Rojo, G. (1978), *Cláusulas y oraciones.* Anejo 14 de Verba, Anuario Gallego de Filología. Santiago de Compostela.

Rojo, G. (1983), *Aspectos básicos de sintaxis funcional.* Málaga. Librería Agora

Rojo, G. (1985), "En torno a los complementos circunstanciales", en *Lecciones del I y II Curso de Lingüística Funcional (1983 y 1984).* Oviedo, Universidad. pp. 181-191.

Rojo, G. y Jimémez Juliá, T. (1989), *Fundamentos del análisis sintáctico funcional.* Santiago de Compostela. Lalia.

Rojo, G. y Montero, E. (1983), *La evolución de los esquemas condicionales (Potenciales e irreales desde el Poema del Cid hasta 1400).* Santiago de Compostela. Anexo 22 de Verba.

Schiffrin, D. (1987), *Discourse Markers.* Cambridge. Cabridge University Press.

Seco, M. (1972), *Gramática esencial del español.* Madrid, Aguilar.

Seco, R. (1953, 1979, 1980), *Manual de gramática española.* Madrid, Aguilar.

Stockwell, R. P., Bowen, J.D. y Martin, J.W. (1965), *The grammatical structures of English and Spanish.* Chicago. The Univ. Press.

Tesnière, L. (1976), *Élements de syntaxe structurale.* Paris. Klincksieck.

Togeby, K. (1949), "Qu'est ce qu'un mot?", Trad. cast. en 1965, *Cuadernos del Instituto lingüístico latino-americano,* 9: 1-31 (Montevideo).

Vázquez, A. (1990), "Algunas observaciones sobre la denominación y clasificación de las oraciones comparativas", en *Actas del Congreso de la SEL. XX Aniversario.* pp. 797-804.

Vera Luján, A. (1988-89), "A propósito de las relaciones sintácticas oracionales: categorías y clases de funciones", *ELUA,* 5:127-144.

Vera Luján, A. (1994), "Sobre el estatuto lingüístico-funcional de los casos semánticos: agente, fuerza e instrumento", en *LEA,* 16/2: 137-156.

Vera, A. (1981), "En torno a las oraciones concesivas", *Verba,* 8: 187-203.

Vera, A. (1984), "En torno a la causalidad (Aproximación a los fenómenos recursivo-causales a la luz de una teoría de base prototípica)", en *Anales de la Universidad de Murcia,* XLII, 1/2: 31-50.

Vera, A. y Masiá, Mª. L. (1991), "La categoría de función «complemento circunstancial» en español", *Voz y Letra,* 2/1: 51-75.

VVAA (1985), *Lecciones de I y II Curso de Lingüística Funcional (1983 y 1984).* Oviedo. Universidad de Oviedo.

Zawadowski, L. (1971), "Sentence, its Grammatical Definition", en *Linguistics,* 9/72: 95-112.